Sylvie Rocard

avec

Sylvie Santini

C'était Michel

Vingt ans qui passèrent si vite

Récit

PLON
www.plon.fr

12, avenue d'Italie
75013 Paris
Tél. : 01 44 16 09 00
Fax : 01 44 16 09 01
www.plon.fr
www.lisez.com

Mise en pages : Facompo (Lisieux)
Dépôt légal : octobre 2018
ISBN : 978-2-259-26455-6

Je dédie ce récit à toutes les femmes formidables
que j'ai rencontrées, et plus particulièrement
à Catherine Simon.

Et Judith Pisar.

Avant-propos

Sylvie, ma dernière épouse, m'a fait, le temps de ce qui nous restait de jeunesse, redécouvrir l'amour puis surtout rencontrer sérénité, tranquillité, confiance, le bonheur tout simplement, qu'elle réinventait avec moi puisqu'elle ne l'avait pas connu elle-même : une enfance sans amour et un mariage aussi.

À son père adoptif corse elle doit le sauvetage de son statut social, mais pas l'affection. Elle lui doit pourtant un lieu, celui de ses joies d'enfant, de ses premières et longues amitiés, de l'exubérance de la nature, de sa beauté et de ses odeurs, au fond le lieu de son seul vrai enracinement. C'est un village, Monticello, en Balagne.

À ma lignée Sylvie se sent étrangère. Elle a été si longtemps affectivement seule qu'elle veut rentrer chez elle.

Alors, pour ma dernière décision, une nouvelle séparation ? J'en ai trop connu [...].

À Monticello, le cimetière est plein. Ne restait dans la partie la plus haute, au-delà des caveaux, qu'une microparcelle trop petite pour une tombe, suffisante pour deux urnes, au ras de la falaise. Arbres et tombeaux, tout est dernière nous. [...] *L'un des plus beaux paysages du monde.* [...] *Et puis bien sûr qui dit cimetière dit réconciliation* [...].

À l'occasion, venez nous voir, me voir : il faut garder les liens. Peut-être entendrez-vous les grillons, sans doute écouterez-vous le silence... À coup sûr la majesté et la beauté de l'endroit vous saisiront. Quel autre message laisser que de vous y convier ?

Extrait de *J'irai dormir en Corse,* texte écrit par Michel Rocard en juillet 2014 et lu par son fils Francis, le 7 juillet 2016, au temple de l'Étoile lors de ses obsèques.

Prologue

Plus de deux ans ont passé, mon Michel, tant de souvenirs sont revenus dans ce temps vécu sans toi, rempli des riens qui font une vie : les soins à donner à ma nichée d'animaux, toujours plus nombreux et envahissants, tu t'en doutes, et le règlement fastidieux des questions administratives et financières dont tu me déchargeais si bien. Ni les ami(e)s ni les chiens et chats ne compensent ton absence. Alors j'ai choisi de continuer à vivre nos moments en en ravivant le souvenir. En écrivant, par le menu, ce que j'ai connu de toi. Et ce qui a tissé notre quotidien de plus de vingt ans : celui d'un homme d'État déjà sexagénaire lors de notre rencontre et d'une petite bonne femme, moi, qui avait dû beaucoup batailler pour obtenir son autonomie et un peu de confiance en elle.

Loin de moi l'idée de dresser une stèle à ta mémoire – les hommages de gens plus capés ne manquent pas. Je ne révélerai rien non plus qui offenserait ta pudeur de protestant à la sentimentalité bien cadenassée par une éducation austère, et ne prétends pas, encore moins, oser un bilan de ton action politique, ce n'est pas du tout mon rayon !

Je voudrais juste raconter notre histoire, celle de ton dernier couple. Avec l'infinie gratitude que je te porte.

1

L'adieu aux larmes

Ce 7 juillet 2016 à midi, après une très belle cérémonie au temple de l'Étoile, le cortège se disperse pour rejoindre les Invalides. Le mois de juin était maussade et voilà que, depuis quarante-huit heures, juillet nous plombe de soleil et de chaleur. Le cercueil de Michel est là, dans l'immensité de la cour d'honneur. Et moi, je revois encore, trois heures auparavant, lors du dernier au revoir, son pauvre corps tout amaigri, méconnaissable.

On m'indique ma place, je suis sonnée. On me salue. Des gens défilent devant moi, s'inclinent, me murmurent des phrases que j'entends à peine. Trois mois plus tôt, j'étais au même endroit pour un adieu à Alain Decaux. Mais Michel se trouvait à côté de moi pour pleurer l'un de ses plus chers amis.

Membres du gouvernement, hommes et femmes politiques prennent leur place prévue au protocole. Je tente de voir, de remercier, de faire bonne figure, mais une sorte d'hébétude m'envahit.

Nicolas Sarkozy se penche vers moi et m'adresse des mots chaleureux sur Michel. Il est sincère, je le sens et lui dis combien il a rendu mon mari heureux avec la mission « Grand emprunt » qu'il lui avait confiée, ainsi qu'avec son poste d'« ambassadeur pour les régions polaires ».

Le salut de Laurent Fabius me hérisse, en revanche : « Merci d'avoir la courtoisie d'être venu le saluer une dernière fois, mais je crois que vous n'étiez pas très amis ! »

Je sais fort bien que, durant ses quatre années à la tête du Quai d'Orsay, cet ennemi notoire de Michel n'a jamais voulu recevoir l'« ambassadeur des pôles » qui souhaitait pourtant simplement l'entretenir de sa mission. Et je repenserai souvent par la suite à la une de *Charlie Hebdo* : « Michel, tous tes assassins étaient autour de toi... »

La cérémonie commence. La cour est noire de monde, de personnalités de tous bords et de tous horizons, politiques ou économiques ; l'émotion est palpable.

Il fait chaud. Trop. Quatre officiers de la garde républicaine doivent être évacués pendant les discours. Edmond Maire parle d'abord, comme l'avait souhaité Michel dans ses dernières volontés, bientôt suivi par le président Hollande.

J'écoute, mais je n'entends pas. Je suis assommée par la disparition de cet homme qui me protégeait de tout... À mes côtés, l'un de ses amis et soutiens de toujours, Henry Hermand, tente de me réconforter. Mais il semble tout aussi abattu et ne lui survivra d'ailleurs que quatre mois. La perte irrémédiable de leurs chères discussions politiques aura-t-elle accéléré sa fin ? Je ne pourrai m'empêcher, plus tard, de le penser.

La foule s'éparpille. Je prends congé et pars pour la rue de Solférino, siège du PS, où un dernier hommage doit être rendu à mon mari par Jean-Christophe Cambadélis, premier secrétaire à l'époque, et par les rocardiens historiques que sont Manuel Valls et Alain Bergounioux. La cour de « Solfé » déborde de personnes debout. Leur tristesse me touche… Et pourtant, je suis ailleurs. Plongée dans mes souvenirs, dans un dialogue sans fin avec Michel. Je ne réalise pas ; tu vas juste rentrer de voyage !

En attendant ton retour, le film de notre histoire commence à se dérouler… L'illustre défunt auquel la République rend les honneurs était « mon » Michel, le compagnon hors du commun des vingt dernières années écoulées.

2

Un déjeuner au George-V

« Sylvie, comptez-vous Michel Rocard parmi vos relations dans le monde politique ? » C'est André Darrigrand, président de La Poste, qui me pose cette question, en ce début de juillet 1994. Je suis sa conseillère en communication depuis six mois, après diverses activités professionnelles et personnelles sur lesquelles je reviendrai plus tard.

« Non, monsieur, j'ai travaillé ces dernières années pour des institutions publiques comme La Villette, le musée d'Orsay ou l'Institut du monde arabe, tous grands projets dont l'inauguration a été faite en personne par le président François Mitterrand, lequel se déplace en général avec ses proches, dont M. Rocard, à ma connaissance, ne fait pas partie. » C'est un euphémisme, je suis parfaitement au courant de l'inimitié notoire entre les deux hommes... J'ajoute : « Mais si vous voulez, j'organise un déjeuner ! »

Aussitôt dit, aussitôt fait, mon patron souhaite entendre de la bouche de l'ancien Premier ministre l'histoire de la réforme des PTT. Qu'à cela ne tienne, trois heures plus tard, l'une des « deux Catherine », les duettistes du secrétariat de Rocard, m'a fixé mon rendez-vous : 29 juillet, 13 heures, au restaurant de l'hôtel George-V (qui n'appartient pas encore au prince Al-Walid). Michel Rocard sera accompagné, me dit-on, de son ancien directeur de cabinet à Matignon, Jean-Paul Huchon.

J'ai rencontré auparavant beaucoup d'hommes politiques du fait de mon travail sur quelques grands projets de la présidence Mitterrand, mais Rocard me paraît différent... Je l'avoue : il m'intrigue.

Histoire de « réviser » un peu avant le jour J, j'interroge mon amie Jacqueline Chabridon, très au fait des arcanes du monde politique, à tu et à toi avec nombre d'éminents représentants du Parti socialiste : « Ouh, là, là... Il traverse une des pires périodes de sa vie ! me confie-t-elle. Les européennes l'ont mis à terre, il a perdu l'élection le mois dernier, comme tu sais, à cause du missile Tapie que l'Élysée lui a envoyé dans les pattes, son échec lui a coûté la tête du parti, les socialistes lui mettent la débâcle sur le dos et, pour clore le tout, il vit un enfer avec sa nouvelle compagne ! »

Humm... autant de mauvaises nouvelles qui me le rendent très sympathique ! Ne suis-je pas l'inlassable redresseuse de torts et protectrice des chiens perdus sans collier ?

Ce mois de juillet est, climatiquement, particulièrement délicieux. Le 29, dernier vendredi du mois, s'annonce au beau fixe. Et nous voilà à l'heure dite, Rocard, Huchon, Darrigrand et moi, dans le jardin intérieur du George-V.

L'ancien Premier ministre discourt... intarissable. Toutes les réformes y passent : celle de La Poste, mais aussi des services spéciaux. Et le sauvetage d'Air France. Et la création du RMI. Et la CSG... Rocard s'enflamme, heureux et fier de raconter ses luttes et ses réussites. Huchon détaille, précise une date, un fait. Nous sommes subjugués : l'histoire de France, trois petites années de celle-ci tout du moins, de 1988 à 1991, nous est contée par ses acteurs. Quelle flamboyance !... Peu en accord, toutefois, avec la tenue vestimentaire du grand homme, que je scanne lorsque nos invités prennent congé. Plutôt quelconque, celle de l'ex-Premier ministre ! Le costume de Michel Rocard flotte de partout, la veste tombe sur ses épaules, la couleur de l'ensemble – beigeasse tirant sur le vert – est d'autant plus calamiteuse qu'elle est assortie d'une cravate façon tranche napolitaine. Ses chaussures, en daim marron à trou-trous, me font penser à celles d'un zazou marseillais des années 40. Une telle indifférence à l'apparence me le rend cependant encore plus sympathique.

Le 4 août suivant, soit six jours plus tard, Michel et moi déjeunons ensemble.

Je l'avais remercié d'un petit mot protocolaire pour le grand moment qu'il nous avait fait vivre au George-V. Lui m'avait téléphoné peu après et proposé ce tête-à-tête au Dôme, dans le quartier de Montparnasse. Six huîtres, une sole, même menu pour chacun…

Au milieu du repas, je sentais ses souliers contre l'un des miens. Faux mouvement, pensais-je… Ou berlue. Mais, après le poisson, il prenait ma main et me demandait, au café, si nous pouvions passer ensemble le week-end du 15 août. Entre-temps, nous avions devisé de tout et de rien, comme si nous nous connaissions depuis toujours : il évoquait ses projets, me parlait de ses voyages, tandis que moi je m'évertuais – en vain – à essayer de lui faire comprendre qui j'étais et d'où je venais…

Le polisson du Dôme était sur le point de fêter ses 64 ans, personnellement je n'en avais pas 50, une histoire commençait… Sous les yeux amusés d'un témoin bien caché, qui nous le raconterait vingt ans plus tard avec son humour coutumier : François Hollande !

3

Chiens perdus

Je dois peut-être ma vie à une histoire de chien.

C'est en retrouvant sur la Canebière, à Marseille, un épagneul égaré que ma mère oublia, pour ainsi dire, un rendez-vous avec une faiseuse d'anges. L'histoire se déroule au printemps 1945, dernière année de la guerre : ma maman, très jolie et un peu volage, se rendait, chaperonnée par son père, à l'adresse clandestine, lorsqu'ils avisèrent en route un épagneul breton ressemblant à s'y méprendre au leur, qui avait disparu six mois plus tôt à Saint-Nazaire. « Blackeeee ! », hurla ma mère. Ni une ni deux, le chien échappa au couple qui le tenait en laisse et fut, d'un bond joyeux, sur ses anciens maîtres. C'était bien lui ! Un arrangement fut trouvé : les Marseillais l'avaient recueilli sur le port, vers le hangar des sous-marins. Nouveaux et anciens maîtres en déduisirent que l'animal avait été embarqué à Saint-Nazaire sur un sous-marinier allemand, puis jugé plus encombrant qu'autre chose et abandonné à quai. Mon grand-père dédommagea ses sauveteurs marseillais.

Et, tout à la joie des retrouvailles, ma mère renonça à son rendez-vous.

Un chien m'ayant sauvée de la mort utérine, je n'allai cesser, plus tard, d'être la providence des animaux perdus... Mais ceci est une autre histoire.

Ce dimanche 14 août 1994, tu ne sais pas encore, Michel, que je suis une SPA à moi toute seule. J'ai accédé – sans beaucoup me faire prier je dois dire – à ton désir de week-end galant et ai même proposé, par souci de discrétion, une petite maison que j'avais, à l'époque, à Daumeray, en Anjou.

Dès notre premier réveil en commun, tu fourmilles d'idées, de projets... d'ordre politique surtout. Tu songes à la présidentielle : « Si j'y vais, je t'emmène dans mon équipe !

— Mais tu ne me connais même pas...

— Plus que tu ne crois », rétorques-tu.

Nous nous quittons à regret, tu m'appelles souvent pendant trois semaines, jusqu'à ce message sur mon répondeur : « Ilana[1] se doute de quelque chose, il faut tout arrêter. » Huit mois se passent avant que tu me rappelles ; je ne résiste pas à une invitation à déjeuner dans un restaurant chinois du Trocadéro, lequel, pendant six ans, abritera nos retrouvailles clandestines. Il y a tant de choses à comprendre...

1. Ilana Schimmel, psychanalyste, compagne de Michel Rocard depuis 1991, décédée en octobre 2014.

L'élection de 1995 se profile, pourquoi diable n'as-tu pas proposé ta candidature lorsque Jacques Delors a renoncé à la sienne ? « Je me sentais incapable de surmonter mon échec aux européennes. Et puis le parti m'a viré, quand même ! Je me suis senti complètement rejeté. » J'avais bien devant moi l'homme abattu dépeint par Jacqueline. Et je trouvais cela d'une injustice folle !

En fait, Michel aurait pu réagir. Ça se jouait à quarante-huit heures et il n'a pas osé, inhibé par ses défaites précédentes... Jospin a bougé à sa place.

Janvier 1995, premier voyage d'une longue série à tes côtés... « Je pars en Australie la semaine prochaine, veux-tu venir ? » Je suis toujours contractuelle à La Poste mais trouve le moyen de bloquer quelques jours. Et nous voilà, toi en première classe pour Sydney par Singapour, moi en classe éco avec escale à Tokyo. Mon avion doit atterrir six heures avant le tien, sauf que le tarmac est gelé à Tokyo-Narita et qu'on ne peut pas décoller. Ouf... au bout de six heures d'anxiété à tourner en rond dans l'aéroport, mon vol pour Sydney s'affiche enfin, j'arriverai presque à la même heure que toi.

S'ensuivent quatre jours d'un bonheur sans nuage. Quarante-huit heures à Sydney, autant à Canberra, je découvre des paysages qui m'enchantent, tu es heureux de m'en faire profiter, tu assures ton programme de réunions entre nos escapades, nous sommes comme des gamins, les services officiels font semblant de ne s'étonner de rien.

Le départ est un arrachement, tu rentres par Tahiti pour voir ta fille Sylvie[1] qui vit là-bas avec ses cinq enfants, je reprends le même chemin qu'à l'aller, Sydney, Tokyo, Paris, sans encombre, le cœur battant.

Ainsi s'installe notre relation. Dans une discrétion totale, à laquelle veillent avec courtoisie Francis Coll, Philippe Lemeunier et Sylvain Laloy, les chauffeur et officiers de sécurité que met la République à ta disposition d'ancien Premier ministre.

Cinq ans durant, nous nous retrouvons pour de brefs moments à Paris ou une nuit hebdomadaire à Bruxelles. À partir de janvier 1997, tu présides la Commission du développement et de la coopération du Parlement européen. Tu te passionnes pour l'Afrique. Nombre de ses chefs d'État ne sont-ils pas déjà de ta connaissance ? Konan Bédié en Côte-d'Ivoire, Abdou Diouf au Sénégal ou Compaoré au Burkina Faso… Ta mission coïncide avec la renégociation des accords de Lomé, elle te rend enthousiasme et énergie. Lorsque je te rejoins le soir à ton hôtel et que nous dînons dans l'un des bistrots de la capitale européenne, le plus souvent à La Quincaillerie,

1. Sylvie Nguyen-Van, deuxième enfant de Michel Rocard, née de son premier mariage, avec Mme Geneviève Poujol. Elle décédera en 2008, à 52 ans.

notre préféré, je découvre un Rocard chaque semaine plus écolo et mondialiste ! Nous nous quittons le matin, toi pour retourner en séance, moi pour rejoindre mon bureau à Paris.

Un jour de décembre 2000 – est-ce le tournant du millénaire ? –, je n'en peux plus. Stop ! Tu as l'habitude des doubles vies : n'avais-tu pas déjà entrepris une relation avec Ilana du temps où tu étais encore marié à Michèle Legendre[1] ? Et je suis convaincue que tu ne quitteras jamais ta compagne actuelle.

« On arrête les frais, te dis-je ce soir-là à Bruxelles. Je comprends que tu ne veuilles rien changer à ta vie, mais moi, je rêve d'autre chose. Je le regrette, nous sommes très complémentaires, nous pourrions être heureux, mais cette situation ne me convient plus. »

Tu bougonnes, tentes de me faire changer d'avis, mais que dire… Tu avoues ton impuissance.

Six semaines passent. Tu m'appelles une fois. Pour me proposer de t'accompagner en Corse. Autant dire chez moi… Tu sais combien j'aime cette terre, la tentation est grande. Mais je tiens bon, ce sera non. Le début de l'année est vraiment triste pour moi, je perds en plus l'un des plus merveilleux amis de ma

1. Michèle Legendre, sociologue, deuxième épouse de Michel Rocard, de 1972 à 1991. La plus connue des Français puisqu'elle fut de l'époque Matignon et que leur divorce fut rendu public par Michel Rocard lui-même dans une interview au *Point*. Elle est décédée en janvier 2010.

vie d'avant, à Besançon, l'industriel Henri Weil. Il avait souvent recueilli mes confidences et ne comprenait pas que « ce fichu Rocard » hésite une seconde à tomber dans mes bras !

Mais, le 2 février 2001, je vis comme en rêve. À 7 h 30 du matin, le téléphone sonne, j'hésite à répondre tant l'heure est matinale, mais je décroche quand même... C'est toi, la voix qui chavire : J'ai rompu. J'ai quitté mon domicile, je ne sais même plus où habiter, puis-je venir chez toi ? »

Oui, Michel, et c'est le plus beau jour de ma vie.

Dans les jours qui suivent, caisses de dossiers, valises de vêtements et quelques bonnes bouteilles débarquent dans ma maison des Yvelines, près du Mesnil-Saint-Denis. De ton côté, tu découvres l'arche de Noé : trois chiens et une dizaine de chats occupent déjà la place, tous animaux abandonnés, et je n'en suis encore qu'au début de mon entreprise de ramassage animalier ! Ma propension à héberger chiens et chats errants ne fera que s'aggraver, et tu vas, cher Michel, l'accepter avec un stoïcisme exemplaire. Qui eût cru que tu irais jusqu'à partager ma compassion pour la détresse animale, toi le cérébral, qui semblait, *a priori*, si peu instruit de la vie des bêtes ?

« Au fond, tu m'as ramassé, moi aussi, comme l'un de tes chiens perdus ! », m'as-tu d'ailleurs lancé lors de ces premiers jours où nous apprivoisions notre quotidien.

4

Scout à Paris, gamine à Bangui

Il fallait bien se raconter…

Tu m'as confié avoir eu, enfant, la tentation de devenir photographe animalier. C'était chez les scouts – pardon, les « Éclaireurs unionistes de France », corrigerais-tu, c'est-à-dire les protestants. « Nous observions beaucoup la nature dans nos sorties, et cela me plaisait. J'ai changé radicalement de projet en 1945 lorsque j'ai assisté au retour des prisonniers des camps. On a fait appel à nous pour aider à l'accueil des déportés à l'hôtel Lutetia. J'avais 15 ans, je pense que cette expérience bouleversante a décidé de ma vocation politique. »

Moi je t'ai raconté Blackee, l'épagneul retrouvé auquel je devais mon existence. Et tu t'es souvenu d'Alfred, le cochon qui s'ébrouait pendant la guerre dans la maison de banlieue où ton père avait mis à l'abri sa petite famille… et qui finit, comme tout porcin, en jambons et charcutaille.

Tu m'as dit aussi, à moi qui n'avais pas eu de vrai papa, combien les rapports avec ton propre père avaient été difficiles.

Ce grand scientifique, Yves Rocard, co-inventeur de la bombe atomique, tellement brillant – et distrait – qu'il en oubliait son fils de 5 ans dans l'autobus à plate-forme, ce normalien qui n'eut pas de mots assez méprisants lorsque tu lui annonças ta décision de faire Sciences Po au lieu d'embrasser une carrière scientifique... Mais qui fut l'un des premiers à prendre le chemin de Londres pour entrer en résistance, tout en pourvoyant à la sécurité et à la subsistance de sa famille grâce à une providentielle maison de banlieue[1].

Enfance morose, à t'entendre... « Il n'y a qu'à Matignon que j'ai commencé à ressentir de sa part un peu de fierté à mon égard ! » Yves Rocard n'était guère présent au foyer du 87, boulevard Saint-Michel et, quand il y était, s'enfermait dans sa surdité, comme pour oublier sa femme – avec laquelle il ne s'entendait plus –, son fils et sa fille, Claudine[2], handicapée légère accaparant l'attention maternelle.

Quant à Renée Rocard, Michel la décrivait comme maîtresse-femme... et mère un peu abusive. « Elle exigeait beaucoup de moi. Quand j'étais Premier ministre, même si je ne touchais pas terre, il fallait que je passe la voir toutes affaires cessantes ! »

1. Yves Rocard avait acheté en 1941 une jolie maison avec jardin dans un village de l'Est parisien, Sucy-en-Brie (Val-de-Marne). Cette maison de campagne de proximité, mi-ferme, mi-potager, permit à Mme Rocard de nourrir ses enfants, Claudine et Michel, pendant la guerre.

2. Claudine Rocard décédera en 1987, à 55 ans.

Voici comment toi-même tu résumais tes origines dans le texte autographe lu par ton fils Francis lors de tes obsèques :

> Ma tribu est de petite-bourgeoisie militaire provinciale. L'on y respectait tout : Dieu, l'Église, le carême et le droit d'aînesse. Si la richesse n'est pas là, le courage et le panache n'y manquent pas : un arrière-grand-oncle colonel suicidé sans doute après avoir refusé d'exécuter sous l'ordre d'une République honnie les inventaires des biens d'Église ; un grand-père pilote courageux qui fut un peu à l'aviation de bombardement ce que Guynemer fut à l'aviation de chasse, un animateur et un héros, dernier officier aviateur français abattu en vol en 1918 ; mon père, considérable savant et découvreur, résistant au courage insensé et grand contributeur à la victoire, dans la guerre secrète sans laquelle la victoire eût été bien incertaine dans la guerre classique.

Mon enfance à moi fut plus vagabonde et nettement moins intello. Voilà ce que je t'en ai raconté par bribes dans ces débuts de notre vie commune.

Maman avait malencontreusement commencé sa vie amoureuse pendant la guerre avec un commandant de sous-marin allemand, qui se suicidera en 1944. Mauvais début dans la vie pour une jeune fille plutôt douée, nantie à 16 ans d'un bac latin-grec. Les événements – et peut-être une futilité naturelle – allaient compromettre ses ambitions universitaires.

« Doré », le surnom bien trouvé de ma mère, prénommée Andrée, préféra faire tourner les têtes… Ses parents, Hélène et Paul Beauvais, avaient tenu le buffet de la gare de Nantes jusqu'aux derniers bombardements de 1944, ce qui leur avait permis de ne pas trop souffrir des pénuries. Ils s'étaient repliés ensuite à Pornichet, à quelques dizaines de kilomètres de là sur la côte atlantique. À la Libération, il fallait marier cette fille si peu farouche. Un bon Français traficotant au marché noir fit l'affaire : René Geoffroy. Ma mère n'était pas amoureuse et restait volage, je fus conçue hors mariage en février 1945 et ouvris les yeux le 11 novembre 1945 sur un monde apaisé. Au moment où, toi, Michel, tu découvrais, en culottes courtes, l'horreur des camps de concentration…

Maman n'allait pas pour autant ronronner au foyer dans la France de l'après-guerre. Les démons de l'aventure ne l'avaient pas quittée. Son avenir, décidait-elle, s'écrirait aux colonies ! La voilà qui persuade son époux de partir en Afrique. René Geoffroy débarque à Libreville en juin 1946, elle le suit dès 1947, me plantant à Pornichet chez mes grands-parents maternels. Elle n'a qu'une idée en tête : divorcer au plus vite et trouver, si possible, un nouveau mari. Aussitôt dit, aussitôt fait, elle revient en 1948 au bras d'un Corse, Jean Emmanuelli, fonctionnaire à l'ex-Trésorerie d'outre-mer. Mes premiers contacts avec lui sont un peu houleux. J'ai 3 ans et le goût des cachettes, dans lesquelles j'ai pris l'habitude de m'endormir. Un jour où l'on me cherche partout, ma sortie penaude de l'armoire me vaut force cris et une belle fessée.

La maison de mes souvenirs, derrière le casino, tout près de la mer, est si délabrée que j'ai le droit de gribouiller sur les murs. Son jardin embaume giroflées ou chèvrefeuille, suivant la saison, et leur senteur ne m'a jamais quittée. Mes grands-parents et moi avons pour voisine une originale, à la tête d'un vrai cheptel d'animaux, dont un perroquet bavard qui me fascine. Je ne vais pas encore en classe mais j'aimerais bien y aller : on m'a raconté m'y avoir trouvée un jour, lestée d'un cartable... J'avais suivi des petits voisins en âge scolaire.

En 1949, branle-bas de combat, ma mère refait les valises et, cette fois, je suis du voyage. L'Afrique l'attire toujours, destination Bangui, Centrafrique. Nous embarquons à Bordeaux, où j'éprouve, la veille du départ, mon premier émoi théâtral, devant un ballet pour lequel ma grand-mère a réservé des places. La traversée nous mène à Douala, puis, de là, au bout de trois jours de car, à Bangui. Quelle épopée ! Je me souviens du déchargement du paquebot par paniers, puis de la cohue pour grimper à bord d'un bus où s'entassent les passagers et même un chien, qui, hélas, n'ira pas jusqu'au bout du voyage... Halte dans un village pour ma première nuit africaine, sous la moustiquaire d'un lit picot. Le deuxième jour me réserve la découverte de vrais lions en chair et en os. Impossible de poursuivre la route, le car est bloqué en pleine brousse par trois de ces fauves, bien décidés à ne pas interrompre leur sieste malgré les coups de klaxon et les vociférations du chauffeur, resté toutefois prudemment à l'abri du véhicule. Ils finissent néanmoins par déguerpir et, tout rougis par les projections de latérite au long des routes non goudronnées, nous abordons sains et saufs notre deuxième nuit sous la hutte. Sommeil de plomb… rompu par le hurlement du chien, retrouvé égorgé à 100 mètres de là. La vengeance des fauves.

Au troisième jour de route, Bangui nous apparaît. Un rêve de bande dessinée pour une petite fille de 4 ans que cette capitale centrafricaine dénommée alors « Bangui la coquette ». Je vais à l'école, j'apprends à lire dans *Mamadou et Bineta,* bonnet d'âne et mise au piquet pour les mauvais élèves, bal costumé à Noël pour les quelques enfants de la métropole. J'y fais sensation en costume et coiffe de Bretonne tout spécialement commandés pour moi par maman, qui, elle, fait assaut d'élégance dans le microcosme colonial en robes du soir convoyées de Paris à son intention par des équipages d'Air France aux petits soins. Aujourd'hui je m'interroge… Sur quels arrangements reposait ce traitement de faveur ? En 1950, j'ai l'insouciance de mes 5 ans dans un éden pour petits Blancs, je me baigne avec les adultes dans le fleuve Oubangui-Chari, m'exerce à l'équilibre sur des ponts de liane et suis mes parents partout, jusque dans les fêtes où ils dansent jusqu'à l'aube pendant que leur bout de chou dort sur un coin de canapé. La vie est belle, mais il faut déjà en changer.

Ma mère ayant renoncé aux avortements qu'elle enchaînait jusqu'alors, un petit frère est né en 1951, Jacques. Mais le climat ne lui réussit pas. Plusieurs mois après sa naissance, il n'a toujours pas pris de poids. Doré et Jean décident de nous renvoyer tous les deux en France : le bébé ira chez ses grands-parents Emmanuelli en Corse, à Monticello, et moi à Saint-Nazaire, où vivent désormais papy et mamie.

Mon paradis odorant de Pornichet n'est plus. À 65 ans, ma grand-mère a dû se mettre à travailler, elle a trouvé un emploi dans cette ville grise, où les ruines des bombardements côtoient les tours et les barres de la reconstruction. Mes yeux d'enfant ne voient ni l'exiguïté ni la pauvreté de notre logement du 37, rue Villès-Martin. Un deux pièces au rez-de-chaussée de l'immeuble où mamie fait du secrétariat pour une entreprise de bâtiment. L'appartement fait face à son bureau, de l'autre côté du hall d'entrée : un séjour-cuisine, une chambre, un réduit avec un lavabo, c'est tout. Pas de douche, mais rares sont les Français qui en disposent à cette époque… Et les toilettes sont au fond d'un couloir, qu'il faut traverser avec son papier journal sous le bras pour s'y rendre. Ma grand-mère dort dans le salon, où elle déploie tous les soirs un lit pliant ; l'unique chambre sera celle de Jacques et moi, lorsqu'il me rejoindra quelques années plus tard. Mon fantasque grand-père fait des intérims de chef cuistot, ce qui lui permet, au nom de ses horaires variables, de dormir tranquille, dans une chambre de service au quatrième étage, où il se réfugie d'autant plus vite que ma grand-mère le poursuit avec un balai de cuisine pour le punir de soirées un peu trop arrosées et tardives.

Mamie a connu les deux guerres, 14-18 et 39-45, et vit avec la terreur du manque. Elle met tout « de côté » : les emballages de beurre, le papier d'alu du chocolat… On ne gaspille pas, tout est calculé au centime près, et elle fait chaque soir ses comptes sur un petit carnet. Gare à moi s'il manque un centime au retour de la boulangerie, je dois y retourner pour le réclamer ! J'en ai gardé une sainte horreur de la comptabilité et de la paperasserie.

À l'école, ce n'est pas simple non plus. Les sœurs de Notre-Dame des Apôtres ont accepté de m'inscrire sous le nom du second mari de ma mère, Emmanuelli, alors que juridiquement je porte encore celui du premier conjoint, René Geoffroy, disparu à Brazzaville sans laisser d'adresse. Mais de cela on ne parle pas à la maison. Mes camarades de classe, de toute façon, me prennent pour une extraterrestre qui a vu « des singes, des lions et des éléphants » ! Je ne comprends pas très bien pourquoi cela leur semble si exotique : pour moi, Bangui est juste une ville au sud de la France.

Un beau jour de 1954, une Renault Frégate noire accoste devant le 37, rue Villès-Martin. Les parents !

Maman et mon beau-père, rentrant du Vietnam – où ils avaient été mutés après la Centrafrique –, avec la plaque d'immatriculation rouge des coloniaux et toutes les apparences d'une certaine aisance. Ma maman est la plus belle et elle vient me chercher à l'école, bisque bisque rage devant les copines !

L'été approche, Jacques a 3 ans, il est temps d'aller le retrouver. Nous voilà donc partis pour la Corse : par la route du soleil puis sur le grand ferry de Marseille à l'Île-Rousse. Les senteurs du maquis m'assaillent avant même que je débarque, la route de Monticello n'est pas encore goudronnée, la poussière vole, la chaleur est écrasante, le village somnole à l'heure de la sieste, mais les Emmanuelli nous fêtent dignement. Je suis aux anges.

Même si mon petit frère, que j'ai quitté au berceau, se montre un peu déconcertant : il bâille tout le temps – pour une raison médicale mystérieuse – et hurle dès qu'on tente de démêler sa tignasse pleine de boucles et de nœuds.

Nous deviendrons ensuite les meilleurs amis du monde et je le protégerai toujours, moi l'aînée de 5 ans et demi, des petits camarades qui pourraient lui vouloir du mal. L'instinct protecteur déjà.

« Peut-être est-ce ma propre vie que je ramasse, cher Michel, à travers les êtres en perdition… »

5

La Corse en partage

Cela te faisait sourire que je porte à l'état civil le nom d'Emmanuelli… Mon homonyme du PS – Henri, rien à voir avec moi – n'était pas ton meilleur camarade ! Mon beau-père m'avait adoptée sur le tard et j'avais troqué, pour le sien, le patronyme de ce Geoffroy que je n'avais jamais connu.

J'avais 16 ans et nous vivions en Côte-d'Ivoire, la famille enfin au complet, parenthèse enchantée de mes 14 à mes 18 ans. Le secret de ma naissance n'en était plus un depuis quelques étés, j'avais appris à 12 ans par un cancanage d'enfant que « mon papa n'était pas mon papa ». Aucun bouleversement majeur, nous les voyions si peu, de toute façon, ces parents des colonies… La révélation m'était tombée dessus en Guinée, lors de vacances scolaires où nous les avions rejoints, Jacques et moi, dans leur nouveau poste près de Conakry.

Outre son nom, Jean Emmanuelli m'a donné la Corse. Et c'est un beau cadeau. Ce recoin de la Balagne, d'où les siens étaient originaires, m'a offert les plus belles vacances de mon enfance et mon ancrage le plus solide dans la vie instable à laquelle me condamnait la bougeotte maternelle. Toi, tu as aimé d'emblée ma terre d'adoption, Michel. Je t'y ai fait passer une semaine dès notre premier été en couple, en juillet 2001. Je t'ai montré, sur la place de Monticello, la grosse maison qu'avaient, dans un premier temps, acquise mes parents et qu'ils s'étaient empressés de revendre après une saison passée à se boucher les oreilles pour ne pas entendre « Bambino » joué en boucle depuis le juke-box du café d'en face. Ils lui avaient préféré le calme d'une bâtisse plus isolée, entre le cimetière et le village voisin de Santa-Reparata.

Nous sommes montés jusque-là, tu as succombé à la splendeur du panorama. De l'Île-Rousse jusqu'aux Agriates, on voit tout, et parfois même jusqu'au cap Corse. Le maquis y dégage ses parfums puissants : « C'est là, t'ai-je dit, que ma dernière route me conduira. » Tu m'y as précédée, Michel…

Tu connais tout le monde, maintenant ! Mimi bien sûr, pilier du café des Platanes à l'Île-Rousse, et Pierrot le facteur qui nous emmenait pêcher les oursins sur son bateau.

Un peu plus loin, en allant vers Calvi, les Fugain sont devenus tes amis autant que les miens – nous avons si souvent squatté dans leur propriété des hauteurs de Davia, où l'autre Michel, passionné de politique, te pressait de questions.

Dans la maison de Françoise Hardy où vit Jacques Dutronc, à Monticello, sur la route de Saint-François, tu ne brillais pas en revanche par tes connaissances de la chanson française. Ni par ta maîtrise du rock et du twist – voilà au moins un domaine où j'avais une indéniable supériorité sur toi –, mais tu n'as pas boudé ton plaisir le soir où nous nous sommes tous mis à danser et chanter en écoutant les concerts de Jacques dans son studio d'enregistrement !

C'est sous un soleil de plomb et dans le parfum entêtant des immortelles que tu as choisi en 2013, trois ans jour pour jour avant ton décès, de partager avec moi le petit coin excentré du cimetière, sur les hauteurs du village, que nous concédait pour dernière demeure le maire de Monticello.

Mais revenons à nos débuts. De ces vingt-deux ans passés avec toi, Michel – n'ai-je pas eu la chance de connaître les meilleurs moments de ta vie ? –, de ces vingt-deux ans, je retiens de fabuleux voyages auxquels j'ai eu le privilège de t'accompagner, en tant que compagne officielle puis épouse, quelques rencontres captivantes avec d'anciens grands dirigeants politiques ainsi qu'avec un novice qui n'allait pas tarder à grimper au sommet… Mais aussi d'incessants déménagements auxquels tu t'es prêté de bonne grâce et, par-dessus tout, de l'infinie tendresse avec laquelle tu as accepté mes animaux et mon amour pour eux.

6

Classe VIP

Costumes Lanvin homme, mocassins Weston, j'ai entrepris dès les premiers jours de notre vie commune un relookage complet de mon Michel. C'était la saison des soldes, finis, les vestons trop larges et les godasses sans style, le voilà équipé plus élégamment et chaussé comme un milord. De ce moment, il m'a laissé le soin tous les matins – ou la veille pour le lendemain lorsqu'il partait très tôt – de composer de pied en cap sa tenue du jour. Et ce jusqu'à la fin.

La panoplie s'étoffait, c'était bien le moins, vu le nombre de déplacements officiels inscrits à son agenda. Au premier que nous faisons ensemble, je découvre les privilèges spécial VIP du voyage en compagnie d'un ex-Premier ministre. Accueil au salon d'honneur d'Orly ou Roissy avec boissons, journaux et quelques en-cas ; de là, transfert en voiture jusqu'au pied de la passerelle, l'intendance s'occupe de tout pour les formalités, l'enregistrement des bagages, etc. Même procédure à l'atterrissage, nous sommes exfiltrés en voiture par une sortie dérobée vers un autre salon d'honneur, où les mêmes attentions nous attendent. En cabine, l'équipage est aux petits soins.

À partir de ce premier vol conjoint, à destination d'Athènes (en mars 2001), nous observerons toujours le même rituel : toi près du hublot, moi côté couloir, nous nous serrons la main très fort au décollage, comme si, ensemble, nous planions au-dessus de tout.

Michel doit animer un débat à Athènes, nous sommes logés à l'ambassade de France, l'ambassadeur est un fidèle. Jean-Maurice Ripert fut son conseiller « diplo » à Matignon[1]. L'homme est charmant, son épouse Claudine également, elle sera une décennie plus tard la conseillère « com » de François Hollande à l'Élysée. Les deux hommes échangent avec délectation leurs impressions sur la politique française et internationale, lors de dîners en petit comité à la résidence – dans le quartier le plus vert d'Athènes –, ou bien dans l'un des restaurants de poisson prisés des armateurs grecs, à Tourkolimano, le port de plaisance du Pirée. Je fais mine de ne m'étonner de rien mais je vais d'émerveillement en émerveillement devant le

1. Fils d'ambassadeur lui-même, l'énarque Jean-Maurice Ripert, de la fameuse promotion Voltaire, celle de François Hollande, fut conseiller du Premier ministre de 1988 à 1991. Après le poste d'Athènes et d'autres missions diplomatiques confiées par Lionel Jospin, il aura été ambassadeur de France auprès de l'ONU, puis ambassadeur à Moscou. Il achèvera sa carrière diplomatique à Pékin, fin 2019.

raffinement de la vie d'ambassade. La France porte haut ses couleurs !

J'ai été épouse de chirurgien, dont j'avais déjà quatre enfants à 25 ans ; j'ai occupé, après l'avoir quitté, des postes à responsabilité qui m'ont fait côtoyer des personnalités d'importance – à FR3, chez Gaumont, à la Géode, au Futuroscope de Poitiers –, mais jamais je n'ai mesuré à ce point le chemin parcouru depuis mon enfance de Petit Chose au féminin lisant *Sans famille* pendant que sa grand-mère faisait et refaisait ses comptes. Qu'il est loin, le temps où l'on prédisait un avenir de ratée à la jeune fille qui avait loupé son bac à 18 ans ! « Mais ma pauvre fille, que fera-t-on de toi plus tard ? » On me rabâchait alors ma nullité, et je finissais par y croire et ne voir dans ma vie qu'une succession d'échecs.

Eh bien, la « pauvre fille » s'apprête, en cette année 2001, à parcourir la planète avec son grand homme.

Car Rocard, comme ma défunte mère, ne tient pas en place. Et il a des amis partout dans le monde, qui se font une joie de l'inviter. Aussi, à peine ai-je retrouvé mes bêtes – auxquelles mon ex-Premier ministre s'acclimate sans broncher – qu'il faut refaire les bagages.

Vol long-courrier cette fois. L'auteur des accords de Matignon de 1988 préside depuis 2000 la section française du Conseil de coopération économique du Pacifique : un club de diplomates, d'hommes d'affaires, d'experts et d'hommes politiques des deux rives du Pacifique se réunissant au moins une fois par an pour évoquer les problèmes économiques relevant de leur zone géographique. Michel y représente la France au titre de la Nouvelle-Calédonie et des îles polynésiennes. Il doit, devant cette assemblée, faire un exposé à Osaka le 8 avril 2001 sur l'euro, notre toute nouvelle monnaie, caricaturée en « *toilet paper* » par ses détracteurs.

J'imaginais mon Michel en homme pressé, soucieux d'expédier sa mission avant de vite repartir pour une autre… Mais il prend plaisir au contraire à flâner avec moi, à visiter par exemple, entre deux réunions à Kyoto, temples et jardins.

Direction Nouméa enfin, où nous attend le Commissaire général de Nouvelle-Calédonie, Thierry Lataste, avec son épouse.

Grand moment. J'ai droit *in situ*, sur le lieu des affrontements de 1988 et sur la tombe du leader kanak assassiné Jean-Marie Tjibaou, à un cours d'histoire de France sur l'une des actions dont Michel Rocard est le plus fier, sa médiation réussie entre Caldoches et Kanaks, aboutissant le 26 juin 1988 aux accords de Matignon sur la Nouvelle-Calédonie. J'en savais déjà un peu, pour avoir visionné avec lui, à sa sortie en 1996, le documentaire *Les Médiateurs du Pacifique* de Charles Belmont, musique de Michel Portal, excusez du peu. Sur place, il me raconte encore et encore le savant dosage de la mission de conciliation dépêchée à Nouméa, avec l'ancien préfet Christian

Blanc à sa tête, les péripéties des réunions secrètes à Paris tandis que lui souffre le martyre, saisi de coliques néphrétiques… « C'est la seule circonstance où François Mitterrand s'est soucié de mon état et m'a envoyé des vœux de rétablissement », dit-il. La seule, aussi, qui lui a valu des félicitations du Président.

Quatorze ans plus tard, c'est chez un autre chef d'État socialiste que nous retrouverons, lors d'une réception à l'Élysée, nos charmants hôtes de la résidence calédonienne : Thierry Lataste sera le directeur de cabinet de la fin du quinquennat Hollande avant de rempiler pour un nouveau mandat au Commissariat général.

Ce premier périple au long cours manque toutefois mal se terminer. Après un stop à Auckland, nous atterrissons à Papeete, Tahiti, puis de là dans l'île de Raiatea, où vivent à l'époque la fille de Michel et ses cinq garçons, que je rencontre pour la première fois. Séjour enchanteur bien sûr, j'ai même droit à la visite d'une ferme perlière et à des explications sur la perliculture qui me laissent songeuse… Une bonne partie des perles récoltées repartent en effet à la mer, faute d'une qualité suffisante de leur nacre. Quel gâchis ! Quelques jours plus tard, je médite encore sur cette découverte, paresseusement allongée sur le pont d'un bateau, lorsque je manque perdre mon Michel bien avant l'heure. Nous étions invités par des amis à une sortie en voilier. Depuis le slogan « Rocard à la barre », la France entière sait que mon homme a le pied marin, et moi, à défaut d'être une fine politicienne, je suis une excellente nageuse. Nous étions donc, pour ainsi dire, comme des poissons dans l'eau lors de cette excursion, barbotant avec délices avant l'apéro dans une mer à 28 °C. J'étais remontée à bord, nos hôtes s'étaient éclipsés à l'intérieur du voilier pour préparer le déjeuner... Mais pas trace de mon Michel sur le pont. Il était en train de se noyer, tout bonnement ! Un courant l'emportait à 30 mètres du bateau. Ni une ni deux, je plonge à son secours mais j'ai dû batailler ferme pour le ramener, lui s'accrochant à moi, comme tous les nageurs peu expérimentés, au risque de nous faire couler tous les deux. Pour un bouillon, c'eût été un bouillon.

Personne ne s'aperçut de rien, nous étions frais et dispos pour l'apéro, la suite de la balade et les dernières festivités familiales et amicales avant de quitter l'archipel paradisiaque.

À chaque retour de voyage, Michel reprend comme un métronome ses activités parisiennes, toujours ponctuel au « 266 », nom de code de son bureau, boulevard Saint-Germain, où le dépose chaque matin le dévoué Francis Coll pour le reprendre vers 20 heures. À hautes fonctions, capacités exceptionnelles sans doute... Je n'ai connu chez personne une telle faculté de concentration ni cette force de travail. Rocard avait toujours quelque chose en train, une réunion à préparer, une réflexion sur l'économie ou la marche du monde à mettre en forme, une tribune de presse ou un livre à écrire... Sans parler de la nombreuse correspondance que lui soumettait chaque jour son secrétariat sur les sujets les plus divers relevant de ses nombreuses fonctions et contributions.

Je ne saurai jamais vraiment quelle aura été sa vie intime avant moi – il se livrait peu sur les choses du cœur et ses relations avec les femmes. Trop pudique... et prudent. Sa vie privée, que l'on pourrait qualifier – pour ainsi dire – d'un peu désordre, autant que ses hautes fonctions dans la vie publique, sans parler d'une éducation plutôt austère, lui avaient enseigné la discrétion. Il compartimentait. Je suis sûre en revanche qu'avec moi il a découvert – et aimé – une certaine simplicité domestique et trouvé, ou plutôt retrouvé, le goût des échappées champêtres.

Au retour de Tahiti, à la fin du mois d'avril 2001, il m'emmène en Bourgogne. Il veut me montrer l'une des maisons léguées par son père[1]. Une splendeur du XVe siècle, sur la place du village de Châteauneuf.

---

1. Yves Rocard, décédé en 1992, inhumé au cimetière du Montparnasse. Ce grand physicien, conseiller scientifique des programmes militaires du Centre de l'énergie atomique, considéré comme le père de la bombe A et spécialiste, entre autres, de radioastronomie, avait acquis au fil de sa carrière diverses propriétés foncières (des « masures », écrivit-il dans ses *Mémoires sans concessions*, éd. Grasset, 1988) susceptibles d'accueillir des détecteurs d'éventuelles explosions nucléaires.

Donjon et blason. Mais cette superbe bâtisse est minuscule, ni cour ni jardin, on y entre comme dans un moulin, et son bel escalier de pierre ne dessert que deux pièces… sur trois niveaux. Impossible en outre d'y parler fenêtres ouvertes en été, tout le village profiterait de la conversation ! Deux cents kilomètres de route pour rester enfermée dans une maison, si belle soit-elle, très peu pour moi. Et puis il y a mes animaux… Michel comprend. Il vendra. Malgré des travaux tout récemment effectués.

Cette cession immobilière sera la première d'une longue série d'acquisitions-ventes que nous allons effectuer ensemble… À mon instigation, je dois l'avouer. Si Michel m'a fait voler de ciel en ciel à la découverte de contrées inconnues – j'y reviendrai –, je l'ai transporté, moi, bon gré mal gré, de pénates en pénates !

7

Un mariage et tant de déménagements

« Qui a deux maisons perd la raison », si l'on en croit le proverbe d'Éric Rohmer dans *Les Nuits de la pleine lune*...

Au début de notre relation, nous vivons entre deux résidences principales. Michel est propriétaire en plein Paris, au fond d'une cour, dans une petite rue près de la porte d'Orléans, d'une vraie maison au charme provincial où Mondrian eut son atelier. Il a pu l'acheter en 1992, avec l'héritage de son père. Il y a aménagé au dernier étage son bureau-bibliothèque, sous la verrière, et nous y passerons les mois d'hiver, à partir de 2002 seulement, son ancienne compagne ayant tardé à libérer les lieux.

Comme c'est un peu sombre – et que je n'aime pas trop me mettre dans les meubles d'une autre –, nous migrons dès les premiers jours de printemps dans mon petit coin de paradis du Mesnil-Saint-Denis, en bordure de champs et de forêt, avec verger, potager, un énorme bougainvillier sur la terrasse et un jardin plein de couleurs où s'ébrouent les animaux. Michel adore nos discussions le soir sur la terrasse et se laisse envahir et cajoler sans déplaisir par les bestioles, qui s'étalent sur le lit et prennent les tables pour terrain de jeux. Il s'intéresse à mes plantations et devient même très calé en fleurs et légumes.

Les allers-retours nous pèsent cependant. Et la vie de Robinson a ses limites pour un ex-Premier ministre qui a besoin d'un endroit plus propice aux réceptions. Nous décidons d'un commun accord de simplifier : une seule maison au lieu de deux, plus près de Paris si possible, et assez grande pour accueillir dignement famille et amis. Nous vendons chacun la nôtre et dénichons en 2004 à Bougival, sur un coup de foudre de Michel, une grande bâtisse d'époque Napoléon III qui se révélera, à peine acquise, pleine de vices cachés. Nous finirons par la vendre, à perte, en 2011, après avoir emménagé dès 2008 dans une autre, à Choisel, toujours dans les Yvelines. Nous quitterons celle-ci en août 2014 pour Saint-Rémy-l'Honoré, dans le même département.

Entre-temps nous aurons acheté, puis revendu, entre 2004 et 2013, deux petites résidences secondaires, l'une en Aveyron, l'autre en Anjou. Est-ce le nomadisme paternel qui me portait ainsi de coup de cœur en coup de cœur ? Un tournis permanent, qui te laisse de marbre, Michel, pourvu qu'on te réinstalle partout ta bibliothèque et tes dossiers.

Contrairement à ce qu'on pourrait imaginer, cette frénésie immobilière ne dénote de notre part aucun talent particulier pour rentabiliser les investissements dans la pierre. Je dois même dire que mon inspecteur des finances de mari, toujours prêt à pourfendre le peu d'appétence des Français pour la science économique, était, concernant ses propres intérêts, un piètre gestionnaire ! À peine plus doué que moi, qui, c'est bien connu, n'ai toujours été, aux yeux de ma famille, qu'un panier percé et une bonne à rien.

C'est pour combler les dettes contractées à Bougival que nous devrons plus tard nous séparer de notre maison de campagne de Durtal – que nous adorions –, en Anjou, ainsi que de notre résidence principale de Choisel. Comme disait Alain Bauer, le criminologue ami de Michel, jadis jeune conseiller à son cabinet de Matignon : « Rocard a mieux géré les affaires de la France que ses affaires personnelles. »

Mais revenons aux voyages, car si Michel, deux fois divorcé, appréciait en ma compagnie une nouvelle douceur conjugale, c'était quand même toujours entre deux trains (pour Bruxelles) ou deux avions (pour le bout du monde).

Retraité suractif, il multipliait les engagements dans autant de fondations ou comités qui l'amenaient à des déplacements incessants. Sans parler des missions officielles qui lui incombèrent à partir de 2007, lors du quinquennat Sarkozy. Pour tout dire, mon jeune époux septuagénaire n'arrêtait pas.

8

Rocard Airlines

Nous nous sommes mariés le samedi 20 avril 2002. Avant, que des voyages ! Après ? Tout autant. Une courte lune de miel incluse.

Peu après l'intermède bourguignon, le 1er juin 2001, nous étions partis pour Montréal, où le Premier ministre Bernard Landry devait décorer Michel de l'Ordre national du Québec, distinction nationale suprême. Mon héros avait manifestement beaucoup de souvenirs et d'amis sur place, j'avais manqué pas mal de chapitres d'une relation de vingt ans avec ce pays, mais je m'adapte. Et ne boude pas le plaisir d'une croisière sur le Saint-Laurent ni celui d'une chambre si vaste qu'elle contient un piano à queue.

Pas question de rentrer directement, ce serait trop simple, on passe par Rio de Janeiro, le temps, pour Michel, de tenir une conférence sur la langue française et, pour nous deux, de survoler la baie en hélicoptère, le Pain de Sucre et ses alentours. Je laisse à l'arrivée Michel faire quelques zigzags tout seul de

Francfort à Stockholm en passant par l'Afrique, puis réussis à l'immobiliser en Corse pour huit jours.

Début août, nouveau voyage, lointain cette fois, en Australie, pour les célébrations du bicentenaire de Nicolas Baudin. Il faut savoir que mon cher disparu était un fan absolu de cet explorateur français inconnu dans son pays mais célébrissime en Australie, marin rétais, géographe et scientifique, expédié en 1800 par Bonaparte à la tête d'une mission d'étude de la faune et de la flore de Nouvelle-Hollande… On lui devrait chez nous le mimosa et l'eucalyptus. Michel n'était pas particulièrement botaniste, mais il était soucieux, partout, de ce qui pouvait honorer la grandeur de la France et créer des liens internationaux.

Personnellement, j'arrive cet automne-là à souffler deux mois, Michel continuant ses sauts de puce à New York ou Doha. Fin novembre, c'est reparti, pour un périple asiatique cette fois, à partir de Hong Kong où l'appelle une nouvelle réunion du Conseil de coopération économique du Pacifique (PECC). Hong Kong me déçoit, la mégalopole n'a pas la magie de la pub d'Air France de mes souvenirs, illustrée d'une mer de jonques. Arpentant les rues pendant que le président de la section française de ce « machin » travaille, je dégote quand même entre deux gratte-ciel une sorte de brocante, d'où je rapporte un petit sac du soir en perles noires avec un fermoir en argent, très années 40, et des cartes postales anciennes qui me donnent la nostalgie du Hong Kong sous mandat britannique. Oui, Michel, je suis une horrible fille de coloniaux !

Heureusement, après trois jours de réunions non-stop, nous nous envolons pour le Laos, émerveillement total que ce « pays du sourire », tellement moins fréquenté, à l'époque en tout cas, que ses voisins des bords du Mékong : Thaïlande, Vietnam ou Cambodge. Végétation luxuriante, perfection des temples de Luang Prabang, avec leurs moines en tenue safran… Là comme à Phnom Penh, nous sommes reçus et hébergés à la résidence de l'ambassade, c'est le privilège des anciens Premiers ministres, et c'est un rêve. Toujours le même raffinement et un service de table identique, dit « Quai d'Orsay », dans tous les coins du monde, en porcelaine de Sèvres à liseré bleu et or. Nous sommes cornaqués par un membre de l'École française d'Extrême-Orient d'Angkor, que nous écoutons religieusement. Le voyage se clôture de façon… royale, par un entretien au palais avec le roi Norodom Sihanouk, que Michel avait déjà eu l'occasion de rencontrer.

Le début de l'année 2002 s'annonce calme. Une seule obligation à ton agenda, le rendez-vous annuel du « groupe des Arcs », un petit club de cerveaux du PS, amateurs de ski et de bonne bouffe, qui se retrouvent tous les ans autour du promoteur immobilier fondateur de cette station des Alpes, Roger Godino, ami proche. Brainstorming le matin, pistes noires l'après-midi. On planche… sur les planches. Tu es toujours un bon skieur, tu es à ton affaire. Moi je m'occupe de l'organisation de notre mariage, tu y tiens.

Je ne trouve pas la salle de réception adéquate jusqu'à ce que la providence, en la personne de notre amie Judith Pisar, me propose son hôtel particulier de l'avenue Foch, résidence parisienne de son couple avec Samuel Pisar.

J'ai rencontré Judith bien avant notre histoire officielle : elle était venue me consulter dans mes fonctions de responsable de la Fondation La Poste pour un concert de Quincy Jones qu'elle souhaitait organiser. Je n'avais rien pu faire pour elle, mais une vive sympathie s'était aussitôt installée entre nous. Quelques jours plus tard, nous déjeunions ensemble au Bar des Théâtres et je lui faisais la confidence de ma relation cachée avec un homme qu'elle ne connaissait sûrement pas : Michel Rocard… Éclat de rire : « Mais je le connais depuis vingt ans ! » Je saurai plus tard que Judith t'avait mis en garde contre le risque de me perdre alors que tu étais toujours indécis. Elle sera mon témoin de mariage. Et je ferai alors connaissance, avec toi, de Samuel Pisar. Immense respect pour ce rescapé des camps, avocat international de renom.

La cérémonie est célébrée le 20 avril 2002 à la mairie du 14e, lieu de résidence de mon époux. Le tout-PS est sur le parvis, tes chers amis Guy Carcassonne[1] et

1. Ancien du cabinet de Michel Rocard à Matignon, avocat constitutionnaliste de renom, mari de Claire Bretécher, décédé en 2013.

Pierre Encrevé[1] sont tes témoins. Lionel Jospin est dans la salle, inconscient de la gifle qu'il prendra le lendemain, 21 avril, premier tour d'une présidentielle qui le verra devancé dans les urnes par Jean-Marie Le Pen...

Il fait beau et frais, j'arbore un tailleur rose offert par le couturier Jean-Louis Scherrer et vois la vie de la même couleur. L'air est à la fête, qui se prolonge dans le 16e, arrondissement qui n'est pourtant pas le plus fervent supporter du parti à la rose... Personne ne s'en offusque, surtout pas moi, et nous partons dans la foulée pour un quart de huitième de lune de miel à la villa d'Este, somptueux palais Renaissance sur le lac de Côme.

Mon jeune marié reprend vite son rythme pendulaire : deux jours au Chili, trois à Paris, puis New York, Bruxelles, etc. Il n'arrête pas. Lorsque nous sommes à Paris, il voit souvent son aîné l'ancien ambassadeur Stéphane Hessel, délicieux octogénaire et voisin du 14e arrondissement, qui n'a pas encore connu la gloire planétaire avec son *Indignez-vous !* (il décédera en mars 2013). Henry Hermand, l'ami des coups durs, discret mais omniprésent, n'est jamais loin non plus. C'est un financier qui a fait fortune dans la conception de grands centres commerciaux. Long, mince et sec, il en terrorise plus d'un mais n'est

1. Ex-conseiller culturel de Michel Rocard à Matignon, linguiste, ami de Pierre Soulages, c'est par son intermédiaire que ce grand artiste a accepté l'engagement de concevoir une œuvre funéraire pour notre tombe de Monticello.

pas avare de ses largesses pour ses amis de gauche. C'est un compagnon de route, bienfaiteur discret du PS et soutien indéfectible à ton égard. Nous les recevons, je me familiarise avec ta garde rapprochée.

L'année se termine, bien sûr, par un voyage, dont les tenants et aboutissants continuent à m'échapper... Tu as répondu positivement à une invitation du gouvernement iranien à passer une semaine dans le pays. L'Iran est l'« axe du Mal » à cette époque, pour l'Amérique de George W. Bush du moins. Est-ce pour cette raison que personne, aucun officiel en tout cas, ne nous attend à l'aéroport de Téhéran, le 27 décembre ? Heureusement, comme toujours dans ces cas-là, l'ambassadeur a été prévenu de notre arrivée. Il nous logera à la résidence. François Nicoullaud et son épouse déploient des trésors d'attention, nous explorons la ville en leur compagnie. C'est par eux que nous apprenons qu'une visite de Persépolis a été organisée à notre intention. Un guide nous cornaque, insiste sur la richesse de la culture perse et la diversité de ses influences – grecque, arabe, turque et mongole. Nous admirons. Nous sommes émerveillés par les chefs-d'œuvre du XIVe siècle que recèle le musée de Téhéran... et sidérés de n'avoir jamais reçu le moindre signe d'un officiel du régime iranien ! Nous repartirons bredouilles de ce point de vue-là. Merci encore une fois à la courtoisie et l'efficacité du corps diplomatique français.

Ainsi se terminent la visite... et l'année 2002.

9

Épouse Rocard, mais pas que

Comment faisais-je pour concilier mon engagement professionnel auprès du président de La Poste et mes échappées lointaines à tes côtés ? Je l'ignore et m'en étonne encore... Sans doute étais-je capable de faire plus de choses en même temps qu'aujourd'hui. Peut-être la notoriété de mon époux me valait-elle aussi quelque indulgence quant à mon emploi du temps de la part de mes patrons, André Darrigrand bien sûr, qui a été mon deuxième témoin de mariage, mais aussi Claude Bourmaud puis Martin Vial, époux au demeurant d'une future ministre, Florence Parly. En 2003, l'arrivée de Jean-Paul Bailly change la donne. Mes relations avec lui se détériorent rapidement, et je dois quitter cette entreprise que j'ai tant aimée. J'ai créé et géré la Fondation La Poste, dédiée à l'écrit à travers les correspondances et la chanson françaises, je suis très attachée à sa continuation.

Je raconte un peu ma carrière, Michel, si tu permets, car je ne voudrais pas qu'on pense que tu avais épousé une gourde !

« Tu as un pois chiche dans la tête. » C'est exactement ce que m'a dit mon premier mari, Édouard Pélissier, le jour de mes 25 ans. Piquée au vif, je me suis lancée à corps perdu, malgré quatre enfants encore tout minots à l'époque, dans des études de rattrapage. Bac philo par correspondance depuis Besançon (où Édouard exerçait la chirurgie hospitalière), puis DEUG de psycho et de philo, maîtrise d'histoire, histoire de l'art... En dix ans, j'ai rattrapé mon retard ! Malgré les biberons, les couches-culottes et les nuits sans sommeil.

Et, en 1981, j'ai tout plaqué, excédée par une remarque d'un directeur de FR3 Besançon, où j'effectuais des reportages, mon premier vrai job, sur les législatives de 1978 : « Quand on a un mari chirurgien et des enfants, on ne prend pas le travail de ceux qui en ont besoin. » J'avais, parallèlement, il est vrai, participé à la campagne de Valéry Giscard d'Estaing après avoir soutenu, à la demande d'Edgar Faure, la candidature de Simone Veil aux élections européennes. Autant dire que j'ai pleuré comme une Madeleine devant la victoire de Mitterrand !

Oui, oui, je ne t'ai jamais caché mes sympathies UDF, nous en avions ri autour de la table de la cuisine lors de nos premiers dîners au Mesnil-Saint-Denis. Et chaque fois que tu voyais VGE, tu ne manquais pas de lui rappeler le soutien important dont il avait bénéficié en ma personne ! Tu m'avais expliqué que tu avais toi-même sauvé des gens de droite dans le maelström politique de 1981, et plus tard, en 1988, que tu en avais recruté dans ton fameux gouvernement « d'ouverture ». Tu ne me jetais pas la pierre. Tu ne m'obligeais pas à penser comme toi, tu répétais que tu étais même « l'un des seuls au PS à trouver qu'il pouvait y avoir de bonnes idées dans l'opposition ». Comme j'aimais ton absence de sectarisme...

Ensuite, la vie a fait que les sommités que j'ai rencontrées étaient plutôt de gauche. Petit CV en accéléré, pour éclairer la galerie... 1981, donc, je « monte » à Paris, après avoir quitté Édouard et les enfants ; j'avais donné quinze ans de mon existence, je la reprends en main. Tu as connu mon mari, Michel, à ta demande d'ailleurs, et vous vous êtes entendus à merveille. Toi l'interrogeant sur la médecine, lui sur la politique, deux honnêtes hommes en présence. Je ferme la parenthèse. Que de digressions, mais de ce point de vue je n'ai rien à t'envier, toi Michel, caricaturé en Rocroa dans les émissions satiriques. Il fallait toujours que tu remontes très, très loin pour en revenir au sujet du moment !

J'avais mis une annonce dans *Le Monde* avant de quitter Besançon : « Femme, diplômée, École du Louvre, histoire, psychologie, trois ans d'expérience à FR3 Bourgogne, bla-bla, cherche poste à responsabilité à Paris à partir du 1er septembre. » Gaumont m'appelle et je me retrouve chargée de lancer leur nouveau joyau, les salles du Gaumont-Ambassade, vitrine du groupe sur les Champs-Élysées. Trois ans après, j'étais débauchée pour le lancement de la Géode, l'Omnimax de La Villette. C'est à cette occasion que j'ai été présentée pour la première fois au président Mitterrand. Il venait visiter « discrètement » la Géode – façon de parler, c'était un dimanche de l'Ascension, surchargé de monde –, avec Paul Guimard, Mme Pingeot… et « une petite fille », m'avait-on prévenue. Nous leur avons arrangé une entrée par une porte dérobée, tout marchait comme sur des roulettes et, là, dans l'ascenseur, le Président me dit sa satisfaction et m'annonce que d'autres « grands projets » auront besoin de mes services ! J'ai ainsi travaillé pour le musée d'Orsay, l'Institut du monde arabe, le Futuroscope de Poitiers et diverses manifestations culturelles internationales. En 1992, me voilà en mission pour le pavillon de France à l'Exposition universelle de Séville. Fin de mon contrat en novembre de cette année-là et début d'une galère d'un an. Pas de travail. En 1993, je m'apprête à dire oui au maire d'Arles, un RPR à l'époque, qui me propose de gérer ses projets culturels. Le déménagement est programmé. Là-dessus vient se greffer un rendez-vous inattendu, auquel je vais à reculons et qui va décider de mon avenir sentimental ! De notre avenir conjoint, Michel…

Je m'explique : Gérard Delage, mon ex-président du pavillon de France à Séville, m'intime quasiment l'ordre d'aller voir toutes affaires cessantes l'un de ses chers amis qui va être nommé le lendemain en Conseil des ministres patron de La Poste.

Je proteste : « Mais je n'y connais rien ! » Inutile de discuter, le rendez-vous était déjà pris pour moi, à 19 heures ce 9 décembre 1993. Je découvre un homme exquis, sans aucune arrogance, d'une évidente bonté d'âme. Je lui expose néanmoins à quel point mes expériences précédentes sont impropres à me qualifier pour le job. « Dommage, vous avez l'air sympathique », lui dis-je à la fin de l'entretien, avec un culot qui m'épate encore. « La réciproque est vraie », me répond-il... Huit jours après, je faisais mes débuts de conseillère pour la communication au cabinet du président. Six mois plus tard, Michel, nous nous rencontrions !

T'ai-je dit la plus cocasse des coïncidences ? C'est que Gérard Delage, à qui je dois finalement le job le plus passionnant de mon parcours et celui qui décida de nos amours, avait été lui-même directeur général de La Poste. Et viré par toi en 1989 ! Tu avais, en fait, suivi l'avis de ton ministre des Postes et des Télécoms Paul Quilès, qui voulait la place pour un X-Ponts de sa promotion, Yves Cousquer. Autant dire que mon cher Delage n'était pas ravi à l'idée que le nouvel homme de ma vie soit l'ancien Premier ministre qui l'avait déchu ! Vous vous en êtes expliqués, lors d'un déjeuner au Fouquet's, et tout a été pardonné.

10

2004, un festival d'événements

Ma mémoire s'aide d'une béquille, mon Michel : tes agendas, dont je scrute au fil des pages les pattes de mouche de tes rendez-vous et annotations diverses... Tu étais à la fois très méthodique et un peu brouillon. Avec ta drôle d'écriture penchée, margée obstinément à l'oblique, comme chassée... vers la droite. Décidément !

Si je ne relève rien de très mémorable en 2003, hormis la cessation de mon activité professionnelle, quel maelström en revanche que 2004 !

Tout a commencé par un festival. Cannes au mois de mai. Tu présidais la Commission de l'éducation, de la culture et du sport du Parlement européen, je me suis permis de faire valoir que ce grand rendez-vous annuel du cinéma était pour toi une étape obligée. Avec moi dans tes bagages, bien sûr. Robe longue et smoking, le tapis rouge et la montée des marches sous le crépitement des flashs des photographes... Je bichais dans un fourreau noir prêté par la maison Torrente. D'autant que mon seul et unique souvenir du festival datait d'une autre époque, 1982, c'est-à-dire de ma deuxième année à la Gaumont et des débuts d'une vie parisienne un peu solitaire. J'avais certes apprécié l'effervescence de ce monde du cinéma, mais ce n'était pas le mien. Et cette gaieté environnante me renvoyait une image du bonheur que j'étais loin de connaître.

Merci Michel, encore une fois, de m'avoir apporté la joie d'avancer ainsi à ton bras parmi cette assemblée qui, désormais, portait sur moi un autre regard.

Ce printemps-là, Michel, tu as, toi aussi, connu une belle revanche : 28,62 % aux européennes le 13 juin 2004 ! De quoi faire oublier ta déconfiture de 1994 avec si peu de voix sur ta liste (14,49 %) que tu en avais même été viré de la tête du PS. En 2004, tu diriges une liste pour le sud-est de la France, Corse comprise. Tu fais un triomphe partout où tu passes. Et je ne me fais pas prier pour t'accompagner dans tes trois jours de campagne électorale corse ! La fierté se lit sur mon visage – surtout en Corse du Nord –, de voir ainsi mon homme reconnu, apprécié, en retour d'une affection que les électeurs de l'île savent sincère. La récompense est à la hauteur de tes espérances : 28 % au total. Tu l'as écrit toi-même dans ton épître testamentaire : « La Corse m'honora de 28 %. C'est le record absolu de toute ma vie sur trente-cinq ans. C'est aussi le record régional du PS à ces élections-là. C'est enfin le record historique de la gauche sur l'île. Et puis, Monticello : 37,2 %. »

Pour fêter cela, tu m'as embarquée pour trois jours en Égypte. Alexandrie, Le Caire, Louxor. Le « Sphinx » du PS qui t'aimait si peu se doutait-il que, toi aussi, tu étais féru d'Antiquité égyptienne ? Tu étais un très bon guide et tu avais prévu également l'accompagnement d'un membre de l'École française d'Extrême-Orient.

Mais le grand moment de l'été fut nos vacances en Corse, encore plus euphoriques cette année-là que les précédentes. Pêche à l'oursin avec Pierrot, palabres à n'en plus finir avec Mimi au café des Platanes, lectures, bains de mer et détente chez nos Parisiens de l'île : les Fugain – Michel et Sanda –, Jacques Dutronc, Françoise Hardy et leur fils Thomas, Joe et Guy Bedos, dans leur repaire de Lumio, une maison de pêcheur réaménagée avec charme, tout au bout de la plage de Calvi. Tous très bons copains, ravis de festoyer avec un ex-Premier ministre toujours prêt à rigoler autant qu'à parler politique.

Sur le chemin du retour, en août 2004, je nous fais réaliser la première de nos opérations immobilières ! J'ai réussi à te convaincre de faire un détour par l'Aveyron, chez mes copains du Petit Journal Montparnasse, André Damon et sa femme, les fondateurs de ce club de jazz que j'avais connus dans mes fonctions à La Poste. Ma fondation soutenait l'écrit, à travers les textes de chanson notamment, et à ce titre j'avais lancé avec eux les « Cabarets-Poste », où se produisaient toutes les six semaines de jeunes talents.

La région et l'ambiance te séduisent et, de soirée d'amis en soirée d'amis, nous décidons d'acheter une maison dans le coin. Le Tout-Corrèze se met en quête, l'affaire est pliée rapidement : en deux temps, trois mouvements, nous achetons un nid d'aigle au-dessus d'Estaing, sans travaux et à prix modique. Nous le revendrons quatre ans plus tard à une de tes vieilles connaissances, le journaliste, humoriste et écrivain Philippe Meyer. Un crève-cœur… Mais les sept heures de route, moi au volant (car toi tu t'y endors), auront eu raison de notre ferveur corrézienne.

« Attention, mesdames et messieurs, comme dirait Fugain, installez-vous dans votre fauteuil bien gentiment, tous les projecteurs vont s'allumer et tous les acteurs vont s'animer en même temps ! » À nos agendas respectifs, le 1er septembre 2004, s'inscrit un dîner avec… Brigitte et Emmanuel Macron !

Je me souviens de la manière dont tu m'avais présenté la chose : « Nous sommes invités par un jeune énarque et sa compagne. Henry Hermand l'a rencontré à la préfecture de l'Oise, il me l'a déjà présenté, je le trouve très brillant. Il nous invite à dîner, on y va. »

Francis nous dépose donc avec la Peugeot 604 devant le 91, boulevard du Port-Royal, un petit immeuble fin XIXe, face à la sortie de l'hôpital Cochin.

Deuxième étage gauche, c'est bien là, un appartement d'étudiant pour ainsi dire. Le canapé jouxte la table où nous dînons, le couple semble en parfaite harmonie – même vivacité d'esprit, même charme –, la compagne veille à tout, le vétéran socialiste et le politique en herbe discutent avec passion. La désormais première dame m'a confié récemment au téléphone combien ce premier dîner avec un important politique l'avait stressée. Moi j'observe sans mot dire. Emmanuel vient d'intégrer la commission Attali sur la croissance, il a besoin de conseils. Je saurai plus tard, lorsque nous multiplierons avec le couple ce genre de dîners amicaux, que les deux aînés socialistes conspirent du mieux qu'ils peuvent à aider leur poulain. Macron est pour Hermand le fils qu'il n'a pas eu, ou plutôt il possède les qualités qu'à ses yeux n'ont pas ses descendants. Quant à mon Rocard, il tente de lui transmettre sa culture du socialisme et de le prémunir peut-être contre les écueils qu'il a lui-même rencontrés.

Un autre repas reste dans mes souvenirs de cette année-là… Chez nous cette fois, ou plutôt chez moi, dans ma petite campagne du Mesnil-Saint-Denis. L'invité est un familier, Gérard Colé, communicant notoire de François Mitterrand avec son comparse Jacques Pilhan et néanmoins ami de mon mari. Plus de vingt ans après les faits, il lui raconte enfin les coulisses de son limogeage de Matignon.

« Dès janvier 1991, nous dit-il, François Mitterrand nous sort cette phrase sibylline : “Je me lasse, trouvez-moi quelqu'un.” » Gérard est à ce moment-là patron de la Française des jeux mais reste un visiteur du soir de l'Élysée. Le mois suivant, même rengaine. Pilhan et Colé tentent de le dissuader : « Président, les Français sont enchantés de votre Premier ministre, tout va bien. En outre, la guerre du Golfe a éclaté, ce n'est pas le moment de changer de Premier ministre. » Un mois passe. En mars, Mitterrand demande à ses conseillers de l'ombre une liste de « personnalités qui pourraient prendre la relève ». À la mi-avril, toujours selon Colé, le duo apporte bon gré mal gré une liste où figurent, en tête d'une vingtaine de noms, ceux de Pierre Bérégovoy, Jean-Louis Bianco et Dominique Strauss-Kahn. J'ai oublié les autres mais me souviens bien du dernier nom mentionné par lui : Édith Cresson. Et de la réaction de Mitterrand, qu'il nous rapporte fidèlement : « C'est pourtant là que j'incline… », aurait suavement dit le Sphinx en pointant du doigt, tout en bas de la liste, le nom de la bonne dernière, celle dont la nomination a tant contribué à blesser l'amour-propre de mon Michel. Jacques Pilhan ose une remarque : « Ce ne sera pas facile, Président, il va falloir beaucoup l'aider. » Gérard Colé regimbe : « Ce sera sans moi ! »

De cette insolence, nous jure-t-il lors de ce déjeuner en 2004, s'ensuivirent tous les ennuis qu'il connut avec le fisc et la justice : « La machine d'État m'a broyé. »

En dehors de ces mémorables repas, c'est la routine, pour ainsi dire. Des voyages, encore des voyages !

Quinze jours début novembre en Amérique latine. Une idée de Michel, qui a envie de me faire connaître cette partie du monde et doit tenir une conférence le 12 novembre en Équateur, dans le cadre du Conseil de coopération économique du Pacifique. Première escale : Bogota. L'ambassadeur nous attend, comme d'habitude. Il vient de changer, ce n'est plus Daniel Parfait, un peu trop impliqué dans l'affaire Bettencourt, relevé récemment et remplacé par Camille Rohou. Nous logeons à la résidence, gîte de rêve pour VIP de la politique ! C'est un bâtiment à la française, encorbellements et toits d'ardoise, qui ne déparerait pas en Anjou ou du côté de Saint-Germain-en-Laye. L'ambassadeur s'avère, comme le sont en général ses pairs, un excellent guide touristique et nous conduit dès le premier soir à 30 kilomètres de là, dans la zone populaire Santa Rosa, à un lieu extravagant, le restaurant Andrés Carne de Res. Il est immense, peut contenir plus de deux cents convives sous une voûte d'où pendent des accessoires surréalistes, chaussures, peignes, porte-jarretelles, casseroles et petites culottes ! L'ambiance est à l'image de la déco : délirante. D'autres visites plus sérieuses, comme celle de la cathédrale de sel, nous ramènent à la raison, et nous partons pour Santiago du Chili. Te souviens-tu ? L'ambassadeur y était, pour une fois, un ami à moi, Alain Le Gourrierec, ex-consul de France à Séville quand je travaillais pour le pavillon de France à l'Exposition universelle.

« Hardi, les gars, nous irons à Valparaíso. » Cette ville mythique est à 100 kilomètres de la capitale, nous faisons l'aller-retour, mais n'en percerons pas les mystères, et nous envolons pour l'île de Pâques, autre site de légende, qui me laisse perplexe. Ce caillou étrange et ses neuf cents statues moai sur la roche noire du volcan me plongent dans une tristesse infinie.

Le périple continue. Michel, tu es une vraie agence de voyages ! Nous voilà au Pérou, Lima, je me souviens encore d'un restaurant stupéfiant tout au bout d'un ponton jeté sur le Pacifique. Vous discutez avec l'ambassadeur de la marche du monde tandis que j'admire le soleil couchant. Cuzco, ses 3 400 mètres et le mal des montagnes qui nous plombe à la descente de l'avion… Nous avons adoré l'ambiance de cette ancienne capitale des Incas autour de sa cathédrale baroque, ruisselante d'or et d'argent, tu m'y as offert une tapisserie de laine multicolore, représentant des chats. Elle ne me quittera jamais. En bons touristes, nous avons, de là, sacrifié au rite et accédé, en trois heures de tortillard, au sommet du Machu Picchu, déambulé sous un soleil de plomb parmi les ruines de pierre de cette ancienne splendeur inca au sommet de la cordillère des Andes.

Le travail t'attend à Guayaquil, Équateur, « la perle du Pacifique ». Cette ville étonnante créée au milieu du XVIe siècle connut l'envahisseur espagnol, les corsaires, des tremblements de terre et des incendies qui la détruisirent en grande partie. Indépendante depuis 1820, elle a accueilli de nombreux Européens en quête d'une meilleure fortune. Je me balade pendant que tu réunionnes et me retrouve, devant la cathédrale, face à un parc d'iguanes en liberté. J'aime les animaux, comme tu sais, mais cette espèce-là m'est peu familière, je ne m'y frotte pas ! J'avise dans les hauteurs des maisonnettes roses, vertes ou bleues, le quartier bohème de Las Penas, baptisé « Petit Montmartre », pour son ambiance arty et les escaliers qui grimpent à travers les ruelles. Le lendemain, j'arrive à te soustraire à ton travail à l'heure du déjeuner pour t'emmener... au cimetière ! On m'avait parlé de l'incongruité de ce lieu avec ses riches caveaux de marbre blanc, sculptés de scènes plus séculières que religieuses, illustrant un métier ou une tranche de vie. Nous ne sommes pas déçus devant la tombe d'un banquier, en forme de coffre-fort... Cette débauche ostentatoire de marbre et de décors allégoriques proviendrait, nous explique-t-on, de l'affluence des Italiens vers 1860, au moment de l'unification de l'Italie : ils font fortune dans ce nouveau monde et tiennent, même défunts, à montrer leur rang et leur origine en faisant venir le marbre de leur terre natale. Que de vanités... Contre lesquelles toute mon enfance m'a prévenue. Je voulais bien être une princesse, mais toute simple ! Des propos surpris par mes oreilles de fillette alors que je chapardais (un peu) dans le premier Prisunic de Saint-Nazaire me sont toujours restés en tête : une cliente, épouse de médecin, vantait haut et fort la réussite de son mari… « Jamais je n'aurai cette arrogance », m'étais-je dit.

Encore un stop à Quito pour retrouver un ami péruvien de Michel, ancien ambassadeur de son pays en France, établi dans cette capitale aux belles architectures coloniales, et nous rentrons sous la grisaille de novembre, retrouver le train-train de nos allers-retours entre le Mesnil-Saint-Denis et la rue de Coulmiers (notre adresse dans le 14ᵉ arrondissement).

Une question se pose avec de plus en plus d'acuité : où et quand réunir nos foyers ?

11

Ève au paradis des chats

En décembre 2004, nous commettons, tu en conviendras, la plus grosse bévue financière de notre vie commune. La propriété de Bougival sur laquelle tu as jeté ton dévolu a un charme fou, une maison de maître d'époque Napoléon III nichée au fond d'un jardin, et les atouts, rares à une telle proximité de Paris, d'une piscine et d'un tennis. Mais la bâtisse s'étage sur quatre niveaux (la cuisine se trouvant, elle, en contrebas) et nous passons notre temps dans l'escalier ; quant au terrain de tennis, il ne servira jamais à personne, et si la piscine recueille beaucoup de suffrages auprès de la famille et de l'entourage, l'entretien en est onéreux. D'autant que la pool-house tombe en ruine lors de l'acquisition. La demeure recèle elle aussi bien des défauts – soigneusement cachés par les vendeurs –, dont nous nous apercevons dès notre première douche : l'eau s'écoule sur la table de la salle à manger à l'étage en dessous !

Dix-huit mois de travaux au total, pour un coût bien au-delà du budget initial. Nous finirons par la revendre en 2011 avec une grosse décote.

Nous y passerons quand même, de 2004 à 2008, quatre années bucoliques. Je m'escrime sur mes plantations, malgré un terrain en pente, et j'attends le soir avec impatience pour voir se pointer le museau de petits renards venant chercher auprès de moi leur pitance. Tu en es médusé !

Quant à mes propres animaux domestiques, ils y prennent leurs aises : la journée dans le jardin et le soir dans notre lit, comme d'habitude. Leur nombre va proliférant, mais cela ne t'inquiète pas outre mesure. Nous en sommes à dix chats et cinq chiens (j'en aurai trente-sept et douze au jour de ton décès). Quand je pense à ma copine Jacqueline Chabridon qui me disait : « Surtout, vire tes bêtes si tu veux garder Michel, il ne supportera pas ! » ! Ça t'amusait plutôt… Même – ou surtout – lorsque les invités se retrouvaient câlinés malgré eux.

Bougival était propice aux réceptions, nous faisions donc quelques dîners. François Bayrou fut l'un de nos convives, vous vous entendiez bien tous les deux, comme tous les politiques qui se sont croisés un jour dans l'hémicycle européen. Bruxelles efface les clivages… Je me souviens d'un débat homérique entre vous sur la Turquie, au cours de l'année électorale 2007, où tu défendais pied à pied ta position d'ouverture des portes de l'Europe à ce grand pays : « Pour s'en faire un allié, disais-tu, et ne pas le laisser dériver vers l'Orient et l'Iran. » La réalité semble aujourd'hui bien loin de tes préconisations…

Ève au paradis des chats

Te souviens-tu de cet autre dîner, du 7 février 2006, auquel Raymond Barre et sa femme participaient ? Conversation animée autour d'une épaule d'agneau-pommes grenaille, l'un de tes plats préférés, les deux hommes échangeaient avec humour leurs souvenirs des moments les plus cocasses de leurs mandats respectifs. Nous, les dames, écoutions sans broncher des histoires déjà entendues pour la plupart… La blonde et charmante Mme Barre caressait distraitement les félins qui avaient pris possession de ses genoux et de l'impeccable velours noir de sa robe de cocktail. Humm… Au moment du départ, celle-ci ressemblait à un tapis pour chats. Ève Barre repoussa néanmoins gentiment ma proposition d'un coup de brosse : « Pensez-vous, j'adore les chats ! »

12

La vie des autres

Comment donc ai-je décidé, en 2005, de m'intéresser aux soins palliatifs et à l'assistance que je pouvais apporter aux malades en fin de vie ? Le désœuvrement professionnel ne me convenait pas, je n'espérais plus, à 60 ans, trouver un boulot, et sans doute éprouvais-je toujours le besoin irrépressible de m'occuper des êtres en souffrance. Et pas que des chiens et chats perdus. Quand j'étais petite, à Saint-Nazaire, n'étais-je pas toujours partante pour les bonnes œuvres ? J'adorais vendre des timbres au profit des tuberculeux ou des handicapés, par exemple.

Après avoir proposé mes services à l'Association de soins palliatifs et suivi un stage et diverses réunions test, j'ai commencé un bénévolat qui a duré jusqu'à tes derniers jours, Michel : à l'hôpital Georges-Pompidou pendant cinq ans, puis à celui de Rambouillet, plus proche de notre domicile ultérieur de Choisel, et pour finir à Mignot, à Versailles. La mission des bénévoles comme moi ? Venir une fois par semaine accompagner tel ou tel malade en fin de vie.

Parallèlement j'acceptais, durant l'été 2005, une autre responsabilité bénévole, au sein de la Fondation Brigitte-Bardot, qui m'avait demandé d'intégrer son conseil d'administration. À force d'écumer avec toi les Noëls des animaux de la SPA, j'étais connue comme le loup blanc chez les amis des bêtes. J'hésitais cependant : les positions très droitières de Mme Bardot me gênaient et n'étaient peut-être pas très compatibles avec le statut d'épouse d'un homme de gauche, même le moins clivant du monde !

« Aucune importance ! Tu as une vraie passion pour les animaux, vis-la jusqu'au bout », m'as-tu dit sans imaginer que cet engagement formel au service de la cause animale allait multiplier le nombre des petits pensionnaires avec lesquels tu devrais partager notre chambre…

Mon mari ne s'attendait pas non plus à subir avec moi quolibets et insultes de la part d'aficionados en colère devant les arènes de Bayonne. Ma première mission au sein de la Fondation Brigitte-Bardot est en effet de participer à une action anticorrida pendant la saison taurine. À ma grande surprise, Michel propose de m'accompagner. La rudesse de l'accueil a dû lui rappeler certains affrontements de rue dans sa période PSU, à la fin des années 60… Auxquels il tentait toujours de répondre par la médiation. Mon Rocard est un homme profondément pacifique, détestant la violence et les anathèmes. La journée s'est déroulée sans incident grave toutefois, nous, les anticorrida, n'étant qu'une petite centaine, relativement zen. Mais je garde un mauvais souvenir de l'agressivité des amateurs de tauromachie, aussi cruelle que l'est la mise à mort de l'animal dans l'arène.

À la maison, le cheptel s'agrandissait. Dernière adoptée en date, une imposante Lassa, grande chienne à poils longs rapatriée du Tibet par la Fondation, évoluant parmi nous avec superbe… Elle devait décéder vingt-quatre heures après ta disparition, Michel. Plus affectée qu'il n'y paraissait.

Les voyages deviennent bientôt une nouvelle opportunité d'approvisionnement félin… Et ils ne manquent pas ! La cavalcade continue. Cinq jours à Taïwan en mai à l'occasion d'une de tes conférences, puis quatre à Alger qui me laissent, à la mi-juin, sur un sentiment mitigé. Tu es à ton affaire, tu as rédigé en 1957, jeune inspecteur des finances stagiaire dans l'Algérie encore française, un rapport dénonçant les « camps de regroupement » organisés par l'armée pour court-circuiter le FLN. Courageuse enquête, qui aurait pu te valoir la révocation si tu n'avais eu la sagesse de ne pas la signer… Tu te sens en terrain ami, sur cette terre. Moi, j'ai l'impression que nous ne sommes pas à notre place. Malgré l'extrême courtoisie de nos hôtes qui nous font visiter les sites antiques.

Mon Michel, tu as pratiqué beaucoup de sports. Mais pas l'équitation. Dommage, dès juillet 2005, tu aurais pu pénétrer à cheval dans toutes les églises d'Espagne. Tu as reçu à Madrid la grande croix de l'ordre d'Isabelle la Catholique, qui, depuis son instauration en 1815, octroie ce privilège si commode dans la vie de tous les jours ! Tu aimes bien les décorations, tu en as dans ton bureau une ribambelle, de tous les pays du monde. Tu aimes aussi, partout, retrouver des camarades. Et comme un marin a des attaches dans chaque port, toi, tu en as dans le monde entier.

À Madrid, ce sont des collègues de la Commission européenne, qui ont fêté dignement ce nouvel honneur qui t'était fait. Ce n'était pas vanité chez toi que d'accepter ces hommages amicaux, mais le besoin, jamais assouvi, de reconnaissance. Comme pour compenser celle que tu n'as jamais reçue et qui aurait tant compté pour toi, de la part ton père. Mais je fais là un peu de psychologie de comptoir !

13

La bande à Rocard

Le même été 2005, nous voyageons de concert avec un vrai copain, l'un de tes plus fidèles, ton témoin de mariage, drôle et un rien loufoque... Hélas, il sera parti avant toi. C'est Guy Carcassonne, l'avocat constitutionnaliste, mari de la dessinatrice Claire Bretécher, au look impayable de personnage de bande dessiné, genre Tintin au barreau... Bien que plus jeune, comme la plupart de tes proches, il est décédé en juin 2013 d'une hémorragie cérébrale. Il a eu moins de chance que toi, qui auras survécu en 2007 au même genre d'attaque.

Cet été 2005, nous sommes ensemble à Kiev et Yalta, lors d'un sommet sur l'eau organisé pour Veolia par Euro RSCG. L'influent patron de cette agence de com, Stéphane Fouks, fait partie de ta bande des trois. Celle des petits jeunes qui t'entouraient à Matignon, Alain Bauer, Manuel Valls et lui. Il est aussi l'âme damnée de ton ami Strauss-Kahn, dont la chute t'a tellement déçu... « Carcasse » (c'est ainsi que vous l'appelez tous) fait son cinéma : un festival de bons mots et de tenues bariolées, chemises moutarde ou rouge, pantalon vert et cravates à éléphants roses. Il n'en rate pas une, même lorsque nous visitons des lieux chargés d'histoire, comme le palais Livadia, ancienne demeure tsariste où furent signés les fameux accords de 1945 entre Churchill, Roosevelt et Staline.

Tu vis en bande. Comme beaucoup d'hommes. Et particulièrement les hommes politiques. Tu as dû, pour emporter l'adhésion à tes débuts, faire rayonner tes convictions. Et tu en as séduit plus d'un. Par la suite, si j'ai bien compris, l'action politique crée des liens, des obligations, des attachements nés de luttes partagées, de secrets bien gardés… Je n'ai jamais voulu trop savoir.

Une profonde amitié, plus secrète que les autres peut-être, te liaient à un homme qui avait toute ta confiance : Henry Hermand, celui qui dans la cour des Invalides a affectueusement tenté de me réconforter. Un homme de ta génération, que tu m'as toujours présenté comme ton plus fidèle soutien. Il n'était pas dans la politique, mais il la vivait à fond. Engagé à tes côtés au PSU dans les années 50, il a ensuite choisi le monde des affaires, gagnant beaucoup d'argent dans l'implantation de centres commerciaux. Mais cette manne, il n'a cessé de la redistribuer. Au profit de la gauche et de ton courant en particulier. Il a financé *Le Matin de Paris* dans les années 80, a hébergé ton bureau à la fin des années 2000 dans un immeuble à lui sur les Champs-Élysées, au moment où il commençait à voir ta relève en un bébé ENA nommé Macron, qu'il a, lui aussi, grandement porté.

En août 2005, Henry et Béatrice Hermand nous reçoivent dans leur palais des *Mille et Une Nuits* de la médina de Tanger. Ils ont racheté et restauré le mythique Sidi Hosni, ex-propriété de l'excentrique milliardaire américaine Barbara Hutton, où séjournait Gary Cooper, entre autres stars hollywoodiennes. Les Macron aussi bénéficieront de leur hospitalité tangéroise, ou plus exactement Emmanuel Macron et Brigitte Trogneux, avant leur mariage. Le 20 octobre 2007, les Hermand étaient, comme nous, les seuls invités « politiques » de leurs noces dans un palace du Touquet. L'atmosphère, autour des jeunes mariés, était vraiment à la joie et à la fête.

D'autres moments merveilleux nous réunissent deux fois par an chez Tony Dreyfus, ancien maire du 10e arrondissement et l'un de tes ex-ministres, à la Rivière, le château familial de son épouse Françoise Fabre-Luce. L'associé de Tony, Jean-Étienne Giamarchi, en était un pilier, ainsi que Jacques et Suzanne Julliard, Christian Blanc, Alain Bergounioux, Manuel Valls ou André Larquier.

Mais je m'égare, Michel, dans mes souvenirs et dans la chronologie. Je voudrais en rester à cette année 2005, qui se clôture à Grenade, en Espagne, par un moment émouvant auprès de l'une des grandes personnalités du XXe siècle, Mikhaïl Gorbatchev.

Se tenait dans la cité andalouse le séminaire annuel de sa fondation Green Cross dédiée aux questions écologiques. Il se trouve que j'avais déjà eu l'occasion de le rencontrer, dans la même région, à Séville, en 1992, alors que je travaillais pour l'Exposition universelle. Lors de sa visite officielle au pavillon de France, la force des liens qui l'unissaient à sa femme, Raïssa, l'attention constante qu'il lui manifestait nous avaient tous marqués. Dix ans plus tard, elle était terrassée par un cancer en Allemagne. Assise à la droite de Gorbatchev en cet hiver 2005, j'aurais aimé lui manifester ma sympathie. Mais il s'exprimait mal en anglais et moi pas du tout en russe ! L'échange fut limité, mais intense. En me parlant, l'homme de la perestroïka me dévisageait, comme s'il retrouvait en moi quelque chose de Raïssa… Michel surveillait du coin de l'œil et se moquera gentiment de notre évidente complicité.

Nous avons retrouvé Gorbatchev l'année suivante en Italie, dans un hôtel en bordure des lacs, où il présidait un nouveau débat de sa fondation, sur la réduction des armes nucléaires, me semble-t-il. Cet homme puissant et discret exerçait sur moi une réelle fascination… Et je n'étais pas la seule à être tombée sous son charme. En 2011, pour ses 80 ans, nous serons trois mille convives à remplir en son honneur le Royal Albert Hall à Londres ! Une belle soirée organisée par ses filles que ce « Gorby 80 », avec Sharon Stone, Naomi Campbell, Arnold Schwarzenegger, Kevin Spacey, Shimon Peres… et mon Michel Rocard, qui n'est pas la dernière des stars de l'assemblée et multiplie bises et accolades !

En 2006, après divers sauts de puce à Istanbul, Fort-de-France ou Bamako et de longs intermèdes estivaux du côté de Saint-Hippolyte, dans notre maison perchée de l'Aveyron, très prisée des copains, nous entamons à la mi-novembre (17 novembre-1er décembre) un périple de deux semaines au Vietnam, organisé par un autre de tes amis hors normes.

Paul Trân (Trân Van Tinh de son nom complet) est un rescapé de la guerre d'Indochine, côté viêt. À 15 ans, il frôle l'exécution capitale, apprend la tolérance en France au collège protestant du Chambon-sur-Lignon et sera toute sa vie un inlassable passeur de Chine et d'Asie. Tu as fait sa connaissance à Bruxelles, il a été membre de la Commission et ancien ambassadeur européen auprès de l'Organisation mondiale du commerce.

De Saigon jusqu'aux hauts plateaux de la frontière chinoise, ce voyage est un enchantement. Une plongée aussi dans mes souvenirs d'enfance, puisque, entre 1951 et 1954, Doré, ma mère, a vécu à Dalat où mon beau-père avait été envoyé comme payeur aux armées. Elle nous adressait des cartes postales décrivant une vie paradisiaque avec des gens exceptionnels... Et pourtant, il y avait la peur, le sang et la mort environnants. La guerre battait son plein, et elle ne pouvait ignorer la présence à Dalat de soldats du front venus chercher un peu de répit avant de retourner au feu des combats. Doré et Jean Emmanuelli ont d'ailleurs dû quitter l'Indochine à bord d'un navire qui ramenait à Marseille les rescapés et de très nombreux cercueils de disparus.

Nous commençons par une croisière de deux jours sur le Mékong dans une sorte de catamaran plutôt rustique. Au fil de l'eau, entre les berges à la végétation si dense, je ne peux m'empêcher d'imaginer les embuscades d'autrefois. Aujourd'hui, le seul risque est de céder aux sollicitations des marchands ambulants, nous échappons d'ailleurs de peu à l'acquisition d'un adorable petit chien. À Ho-Chi-Minh-Ville, je ne reconnais rien du Saigon raconté par maman mais je fais avec Michel une rencontre historique, organisée par Paul Trân : celle du fameux général Giap, toujours passionné par l'actualité politique française, qui nous reçoit, avec son épouse, dans sa modeste maison pleine de souvenirs. Michel a apporté des livres à ce grand lecteur, toujours curieux des nouvelles du monde malgré son grand âge.

À Hanoï, au bar de l'hôtel Métropole, dans le quartier « français », je peux me téléporter dans les années 30 et retrouver un peu de la magie des cartes postales d'autrefois. Les écolières pédalent en tunique blanche dans le dédale des rues à l'architecture coloniale parfaitement préservée… Nostalgie. Malgré l'odeur de chien grillé au matin ! Tout au long de ce voyage, sur les plages de Da Nang, à Hué ou même dans la mythique baie d'Along, je ne serai jamais parfaitement sereine.

Prémonition ? Au retour, cette fin décembre 2006, j'apprends la mort de mon ancien président à La Poste, André Darrigrand, parrain involontaire de notre union et pour lequel nous éprouvions tous deux une grande admiration.

14

2007, SOS Calcutta

2007 est l'année de ta première alerte de santé. Une grosse émotion, dont tu reviendras plus tonique que jamais ! Peut-être les péripéties de la présidentielle de cette année-là, la première où concourait une femme, sous les couleurs du PS, n'ont-elles pas été étrangères à ton AVC. À moins que les déplacements sans discontinuer n'aient fini par user ton organisme.

L'année commence sur les chapeaux de roue (d'une carlingue d'avion, bien sûr) : vingt-quatre heures à Taipei ! C'est le séjour le plus court que j'ai jamais fait avec toi à 10 000 kilomètres de distance. Une journée sur place, de 8 heures à 23 heures, deux nuits dans l'avion.

Pas question de rater la réouverture du Musée national du palais ! as-tu décrété. La raison, impérieuse selon toi, en est que Taïwan possède les plus belles pièces de l'art chinois. Et tu ne te lasses pas de m'en expliquer la cause :

Lors de l'invasion japonaise, les Chinois ont évacué, sur ordre de Chang Kai Tchek, les plus précieux trésors de la Cité interdite sur des chars à bœufs en direction de la Chine du Sud. Au fur et à mesure de l'avancée nipponne, le convoi et ses milliers de caisses errent de province en province, jusqu'à Nankin. Mais le Japon finit par perdre et Mao par prendre le pouvoir en Chine. Chang Kai Tchek se replie alors à Taïwan, en emportant tout ce qu'il peut sur mer, quelque quatre mille caisses, par le détroit de Formose.

Odyssée rocambolesque et collection exceptionnelle en effet de plus de 600 000 pièces, bronzes, jades, peintures et poteries des périodes impériales. La visite valait bien les 20 000 kilomètres aller-retour !

Au retour, Michel – qui ne s'est jamais servi lui-même d'un téléphone portable et ne sait pas écrire autrement qu'au stylo à plume – se passionne pour un sujet de haute technologie : les brevets sur les logiciels informatiques. Au nom de la Commission des affaires culturelles, il préside aux destinées d'un rapport sur la question, qui aboutira au rejet d'une directive européenne autorisant la brevetabilité desdits logiciels. Mon Michel en défenseur des libertés numériques… Félicitations générales, concert de louanges. Et moi j'en conclus que cet homme serait tout aussi capable de défendre des positions sur l'apprentissage de la poterie, du tricot ou du chinois ! Rien ne le rebute, son intelligence est tout terrain.

Mais que diable fabrique son fichu Parti socialiste qui s'ingénie à ne pas l'exploiter, c'est le moins qu'on puisse dire !

Je m'explique. En ce début d'année présidentielle, Ségolène Royal est dans la dernière ligne droite de sa campagne. Ça tangue un peu. Quelques bévues, en Chine notamment, minent sa popularité, ainsi que des dissensions internes au PS. Le 23 au matin, nous apprenons, Michel et moi, par notre radio-réveil qu'un « comité stratégique » coiffe désormais la candidate. Tous les « éléphants » du PS sont là – ceux qu'elle a tant brocardés, Jospin en tête –, sauf Michel. Qui n'est même pas au courant. Sur le coup, il se vexe. Un peu. Réflexion faite, il se montre soulagé : « Le vaisseau coule, il vaut mieux ne pas être dedans », me dit-il. « Et si tu étais l'homme du recours ? » Non. Michel ne donne qu'un petit « 2 % de chances » à cette hypothèse...

Par la suite, que de palinodies ! C'est du moins ce qu'il me raconte lors de nos retrouvailles du soir à Bougival. Et ce qu'il croit utile, dès le 24 février, de noter en lignes serrées dans un cahier Clairefontaine vert de format A3 qu'il noircira jusqu'au 12 mars, concluant par cette prophétie du politologue Jean-Luc Parodi : « La catastrophe est en vue. »

Entre-temps, c'est le défilé des hypocrites. Coups de fil de Jean-Louis Bianco (directeur de campagne de Ségolène) : d'abord pour s'excuser de n'avoir pas réussi à le joindre à temps. Mais a-t-il seulement essayé ? Puis pour lui dire qu'il faut absolument qu'il en soit, de ce comité… Pas question ! répond Michel, qui ne veut pas « raccrocher au train », selon son expression. Pour le convaincre, Bianco ne trouve rien de mieux à lui annoncer qu'Édith Cresson rejoint elle aussi l'équipe. Intense rigolade lorsque mon mari me rapporte leur conversation. « J'ai peine à imaginer que Bianco, qui n'est tout de même pas tout à fait idiot, ait pensé me faire plaisir en parlant de cette femme… », écrira-t-il dans son cahier vert. Quant à moi, j'enrage de la désinvolture du bureau national à son égard.

Mon Michel fait toujours la sourde oreille[1] aux sollicitations des uns et des autres, encouragé dans son refus, courtois mais ferme, de collaborer par les conseils de l'ami et stratège Gérard Colé. Je crois comprendre – et la lecture posthume de ses notes me le confirme – qu'il fait le calcul un peu ficelle que cet afflux soudain d'éléphants auprès de la candidate du renouveau, au lieu de l'aider, ne contribue à son effondrement amorcé dans les sondages, favorisant ainsi l'avènement providentiel et néanmoins fort hypothétique de sa propre candidature. Je recopie ses cogitations du vendredi 23 février 2007 :

> Nous sommes d'accord [Colé et lui] : la perspective d'un effondrement de la candidature de Ségolène

1. Qu'on ne se méprenne pas, la surdité de Michel, survenue plus tard, était parfaitement compensée par des oreillettes (même s'il arrivait parfois que Chipie ou Noisette s'en servent comme d'un joujou).

suffisamment clair et profond pour que je me présente à sa place reste hautement improbable. Cependant le ralliement de tous les éléphants est clairement un manquement à la promesse de nouveauté, de liberté et de rupture avec l'archaïsme du PS qu'elle incarnait au début et grâce à laquelle elle a été désignée. Si l'opinion le prend rapidement très mal, le schéma entrevu peut jouer[1].

Le week-end est relativement paisible, Michel est plongé dans la lecture d'*Après l'empire*, l'essai d'Emmanuel Todd sur la décomposition du système américain ; moi je me remets des pronostics apocalyptiques d'une lettre de Pierre Larrouturou qu'il m'a fait lire au petit déjeuner du samedi et qui prédit, en substance, un chaos financier imminent et planétaire.

Dimanche matin, coup de fil : François Hollande lui-même. Le premier secrétaire insiste gentiment pour rallier Michel au comité, lequel lui démontre tout aussi gentiment le ridicule qu'aurait ce raccrochage en route. Égal à lui-même, mon cher Michel a une sainte horreur des conflits. Les deux hommes se mettent donc d'accord sur l'idée de meetings en mars auprès de Ségolène. L'honneur est sauf, aucune fausse note aux yeux de l'opinion. Et, de toute façon, les sondages remontent dans le *JDD* : 28 % pour Ségolène Royal au premier tour (au lieu de 23 %) et 49,5 % au second contre Nicolas Sarkozy.

1. Voir Annexes.

Le compagnon (encore officiel) de la candidate appelait le matin, voilà le tour de la compagne ! Vers 20 heures, le téléphone sonne. C'est Sylvain Laloy, l'officier de sécurité (et homme de confiance) de Michel. Apparemment, Mme Royal n'a pas notre numéro puisqu'elle est passée par lui, demandant que Michel l'appelle. C'est mal le connaître : « Qu'elle me téléphone elle-même, donnez-lui mon numéro », rétorque mon ex-Premier ministre de mari, assez sourcilleux sur ses prérogatives. Je reproduis ici leur conversation, transcrite à la page 5 du cahier vert :

> « Quel bon vent t'amène, permets-moi de commencer par une bise ! » Elle me remercie, puis me demande de rejoindre l'équipe. Je lui refais le raisonnement sur le ridicule du raccrochage pur et simple. Elle bafouille un peu sur l'explication, qui tourne autour de l'oubli. Puis je lui lâche que je ne suis pas très à l'aise sur sa campagne. Pourquoi ? me dit-elle apparemment surprise. J'évoque le silence total sur la politique étrangère, puis le fait que le drame français du chômage dépend largement d'un système mondial que la France ne peut desserrer ni infléchir seule et j'évoque ensuite la menace de crise mondiale, en citant la lettre de Pierre Larrouturou, qui rappelle quatre articles des *Échos* de la semaine précédente annonçant une météo économique chargée. Elle me demande de lui envoyer [...]. Elle accepte ensuite l'idée que je ne sorte que très progressivement de cet oubli [...]. Un meeting en mars ? [...] Elle me donne son numéro de portable et celui de son officier de police. Ça pourra servir.

Le mercredi suivant, 28 février, Ségolène propose par e-mail à Michel un dîner en tête à tête pour le mardi 6 mars : « Ce sera le dernier jour possible pour le changement éventuel de candidat ! », songe mon septuagénaire qui n'a pas tout à fait renoncé à son improbable hypothèse. Les points d'exclamation et de suspension sont de lui. Nous déclinons pour cela une invitation chez un couple d'amis ; peine perdue, le lendemain, Ségolène annule le dîner qui se transforme en rendez-vous de travail le lundi 5 mars à 11 h 30 dans son QG de campagne du 282, boulevard Saint-Germain. Affaire pliée, si je me réfère aux écrits de Michel :

> Ça a duré six à sept minutes. À mes questions d'ambiance, elle répond : « Tout va très bien, je vais gagner, aucune femme n'a perdu une élection de ce genre » (?). J'évoque la difficulté, qu'elle nie. J'évoque ma candidature, c'est tout juste si elle ne rit pas. Concession : « Je ne pourrai me retirer que pour le premier secrétaire. Alors tu ne veux pas m'aider ? » Je dois avoir un borborygme peu clair. « Je voudrais que tu travailles sur Internet. » Je suis scié !

La popularité de Michel acquise auprès des internautes grâce à sa défense des logiciels libres n'était pas étrangère à cette demande apparemment saugrenue.

Le lendemain de ce rendez-vous peu concluant de part et d'autre, François Bayrou, le troisième homme de cette campagne, s'envole dans les sondages (à 20 %). Le 7 mars, petite pause sympathique, nous dînons chez les Macron, juste nous quatre, Michel ne se fait pas prier pour raconter son entretien surréaliste avec la « madone ». Le 8 mars, François Bayrou talonne d'un point Ségolène au premier tour, c'est excellent pour Michel, nous explique encore Gérard Colé : « Dans ce cas, tu seras la clé pour la suite. »

La suite, justement, on la connaît. Ce sera Nicolas Sarkozy. Et une Ségolène inspirée, annonçant au balcon le 6 mai, soir de sa défaite, son énigmatique intention de conduire la gauche vers « d'autres victoires ».

Pour nous, c'est juste le printemps et le train-train des voyages qui reprend... Une assemblée générale à Sydney, où Michel part tout seul, quelques dîners et une invitation du gouvernement indien qui nous met en joie, pour une série de conférences et de visites, à New Delhi, Calcutta et au Rajasthan.

Nous embarquons le 25 juin pour New Delhi. La veille j'ai signé l'acquisition d'une nouvelle résidence secondaire, celle de Durtal en Maine-et-Loire, plus accessible depuis Paris que notre nid d'aigle de l'Aveyron, que nous venons de vendre... Nous passons trois jours à New Delhi, accompagnés par l'ambassadeur de France, Dominique Girard.

Michel a des rendez-vous avec des officiels indiens, participe à quelques débats et conférences. Il est victime d'un léger malaise durant l'une de ces

1991. Un moment (rare) de complicité entre Michel et François Mitterrand. Il n'y avait pas tant entre eux de détestation qu'une défiance réciproque. Leur mésentente remontait à la guerre d'Algérie, mais Michel n'en respectait pas moins certaines qualités de son aîné. © DR

Ci-dessus : 2004. Rocard à la barre ! Nous étions à Sydney à l'invitation du gouvernement australien, lequel, connaissant la passion de Michel pour le bateau, avait organisé une sortie dans la baie. © DR

Ci-dessous : Quant à moi, j'ai pu assouvir mon goût des bêtes en visitant un parc animalier près d'Adélaïde. Ici avec un petit wallaby et sa maman. © DR

20 avril 2002. Notre mariage ! De gauche à droite, nous entourant : Sylviane Agacinski et Lionel Jospin, Pierre Castagnou, maire du 14e arrondissement, Tony Dreyfus, Judith Pisar, André Darrigrand. © D. Simon/Gamma

Octobre 2004. Au banquet de la Green Cross, l'association de Mikhaïl Gorbatchev en faveur de l'écologie. En haut, l'homme à moustaches est l'interprète de Gorbatchev. © DR

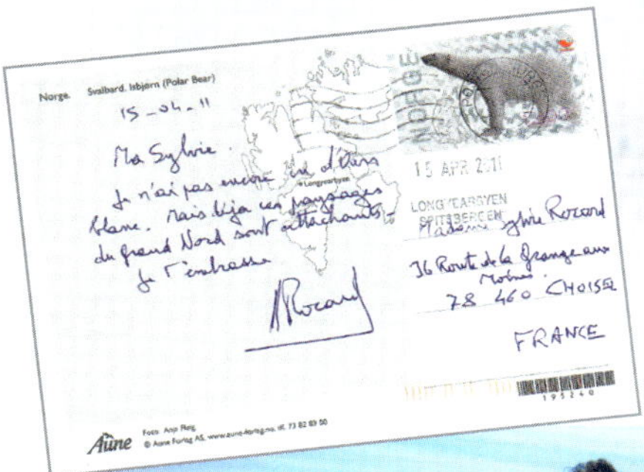
Norge Svalbard. Isbjørn (Polar Bear)

15-04-11

Ma Sylvie.

Je n'ai pas encore vu d'Ours blanc. Mais déjà ces paysages du grand Nord sont attachants.

Je t'embrasse

MRocard

NORGE

15 APR 2011

LONGYEARBYEN SPITSBERGEN

Madame Sylvie Rocard
36 Route de la Grange aux Moines
78 460 CHOISEL
FRANCE

Aune

En bas: Michel Rocard et son fidèle lieutenant Laurent Mayet en Antarctique.
© Le Cercle Polaire

Ci-dessus : À la garden-party de l'Élysée du 14 juillet 2004. Michel entretenait d'excellentes relations avec son ancien condisciple de Sciences Po et de l'ENA devenu Président. Jacques Chirac était, selon lui, « beaucoup plus à gauche que lui » à l'époque, et « tellement beau garçon » qu'il était la coqueluche des étudiantes ! © DR

Ci-dessous : Avec le général Giap, à Ho-Chi-Minh-Ville, en décembre 2006. L'ami Paul Trân avait organisé cette rencontre historique. Le vainqueur de Diên Biên Phu avait semblé apprécier les livres français apportés par Michel. © DR

En haut : Août 2006 en Corse. Chez et avec Françoise Hardy à Monticello. Notre hôtesse appréciait beaucoup Michel. Jacques Dutronc était présent en mars 2017 lors de l'inhumation officielle des cendres de Michel à Monticello. © DR

En bas : 2005 avec Judith Pisar, à l'issue d'une représentation au Châtelet. © DR

Samedi 24 Février 2007
Il paraît prudent de se préparer à rendre compte !
Jeudi 22, 13h, bien agréable déjeuner à la table de
Craig Stapleton, ambassadeur US à Paris. Je lui
annonce la victoire de Sarkozy à 85 % et lui rappelle
ce que les sondages viennent de dire : si Bayrou est
au second tour, il gagne. Mais c'est fort peu probable.
Lui-même et ses trois conseillers m'ont honoré d'un
français parfait.
Après-midi de ce jeudi totalement paisible, à
traiter des parapheurs et terminer la réécriture de
mon discours de Saint-Jean-de-Luz sur le problème basque.
(Jean) Par un appel téléphonique
Vendredi 23 Février
Reçu de Jean-Pierre Massias des annotations
et corrections importantes pour le discours basque.
Je retiendrai l'essentiel.
Mais surtout, à 22h30 la veille au soir
Ségolène Royal a fait connaître son « nouvel
organigramme de campagne ». A cette heure nous
dormions Sylvie et moi. C'est la radio (Europe 1)
et la presse écrite du matin qui nous donnent
l'information. Apparemment rien ne change dans
l'équipe de campagne à cela près qu'elle est
coiffée d'un comité stratégique de 13 personnes où
se retrouvent tous les « éléphants » du PS, y
compris Jospin, mais sauf moi. Cela
m'amuse, et à la première intuition je
trouve cela préférable, mais je trouve
tout de même surprenant et presque un peu
vexant de me trouver ignoré de la sorte.
Ma propre perception de ce que le vaisseau coule,
qu'il vaut mieux n'y être en rien compromis
et qu'éventuellement il faudra être un
recours... (2 % de chances ?) ne
peut évidemment être celle du BN.
Dès la lecture de la presse terminée,
j'appelle Alain Bergounioux. Il relève
d'une opération chirurgicale sérieuse

mais bien terminée, se rétablit à peine et n'a vu personne.
Tout de suite après, 9h45-10h ?, appel téléphonique
de Jean-Louis Bianco. « Michel on n'a pas pu te joindre
hier soir, il a fallu faire très vite, trois des intéressés étaient
en voyage à l'étranger lointain (il me les cite, Mauritanie
et Canada en tous cas, DSK Delanoë et Fabius je crois...) Bref
c'est une liste provisoire il faut que tu nous rejoignes. »
Je suis tout de même un peu stupéfait. Je réponds
benoîtement « Tu connais mon vieil esprit de discipline à la
social-démocratie, vous m'auriez appelé à temps j'en disais
oui naturellement. Mais maintenant une situation s'est
créée, le raccrochage pur et simple ça fait un peu idiot
et ce n'est pas très digne pour moi, et puis il faut expliquer
cela d'une manière convaincante, je ne le vois guère mainte-
nant. Laisse-moi y réfléchir. Je te rappelle lundi. » Jean-Louis
fait mine d'avoir bien noté, en tous cas me donne acte que le
raccrochage pur et simple n'est tout de même pas tout à
fait évident. Il ajoute : « mais tu ne seras pas seul, ce
qui diminue un peu l'effet. » Je dis « Ah bon, qui ? » Il
répond : « Edith Cresson, on va l'annoncer cet après-midi. »
J'ai peine à m'imaginer que Bianco, qui n'est tout de même
pas tout à fait idiot, ait pensé me réconforter ou me
faire plaisir en parlant de cette femme... En tous
cas je lui dis « Jean-Louis, ce n'est pas tout à fait le
même problème. Je confirme : on ne fait rien mainte-
nant je te rappelle lundi. »
Puis 10h15 sans doute, j'appelle Gérard Collomb
qui venait de chercher à me joindre. Nous
sommes d'accord : la perspective d'un effondrement
de la candidature de Ségolène suffisamment clair
et profond pour que je me présente à sa place reste
hautement improbable. Cependant le ralliement de
tous les éléphants est clairement un manquement
à la promesse de nouveauté, de liberté, et de rupture
avec l'archaïsme du PS qu'elle incarnait au
début et grâce à laquelle elle a été désignée comme
candidate. Si l'opinion le prend rapidement très
mal, le schéma entrevu peut jouer. Mais ce ne
paraît pas le plus probable.
Et pour Collomb le fait que je n'y sois pas et
qu'on me dise qu'on m'a juste oublié est
une provocation et une insulte. Il ne faut
à aucun prix que je me laisse embarquer.
Il me donne accord cependant sur le fait

En haut : À Choisel en 2008, Michel avec Bengali, la chatte ramenée de Calcutta. © DR

En bas : Toujours à Choisel, avec notre très affectueuse chienne scottish, Noisette, disparue en 2017. © Éric Robert/ACP

À gauche : Les pattes de mouche de Michel dans le grand cahier d'écolier qu'il avait commencé à remplir en février 2007, trois mois avant l'élection présidentielle où Mme Royal représentait le PS. © DR

23 août 2011. Le rituel déjeuner d'anniversaire de Michel. Ici avec Alain Bergounioux et Tony Dreyfus, le yorkshire Capucine et la chatte Nikita. © DR

6 juin 2014. Sur le perron de l'Élysée avant le dîner d'État offert par le Président François Hollande à Elizabeth II d'Angleterre en commémoration des soixante-dix ans du débarquement allié. Michel avait fait agrandir cette photo qu'il appréciait tout particulièrement. © Gilles Bassignac / Divergence

Une photo extraite d'un reportage effectué en 2012 par un magazine à l'occasion de l'adoption d'un nouvel animal. © Éric Robert/ACP

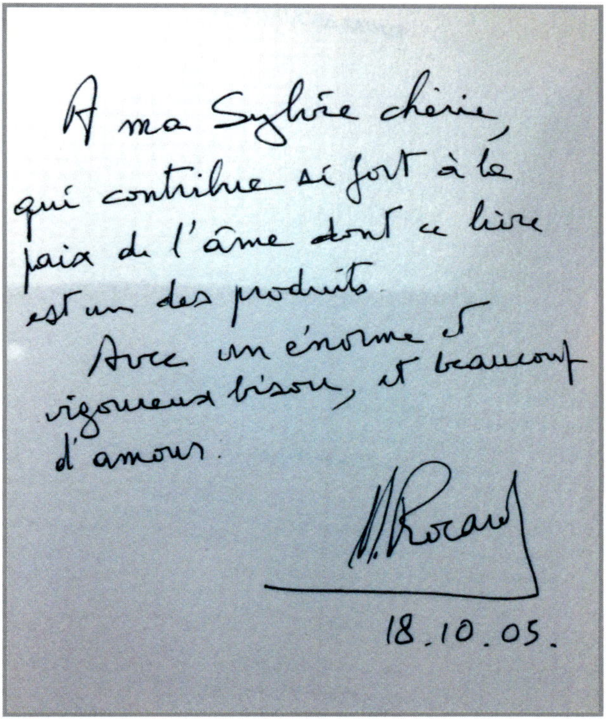
A ma Sylvie chérie,
qui contribue si fort à la
paix de l'âme dont ce livre
est un des produits.
Avec un énorme et
vigoureux bisou, et beaucoup
d'amour.

M. Rocard

18.10.05.

Une des belles dédicaces que Michel m'a envoyées. © DR

Le Président de la République
et Madame Jacques Chirac

prient Monsieur et Madame Michel Rocard

de bien vouloir venir au dîner qu'ils offriront en l'honneur de
Son Excellence Monsieur le Président
de la Fédération de Russie
et de Madame Vladimir Poutine,
au Palais de l'Elysée, le lundi 10 février 2003 à 20 heures.

Tenue de ville sombre - Uniforme
Robe longue

Ci-dessus et à droite: Un menu de l'Élysée lors d'un repas en l'honneur de Vladimir Poutine, le 10 février 2003. Signé des maîtres de maison, Jacques et Bernadette Chirac, de leur invité Vladimir Poutine et de quelques illustres convives, Hélène Carrère d'Encausse, Dominique de Villepin, Alain Juppé, Jean-Pierre Raffarin, Claudie Haigneré… et mon Michel. © DR

Hélène Carrère d'Encausse

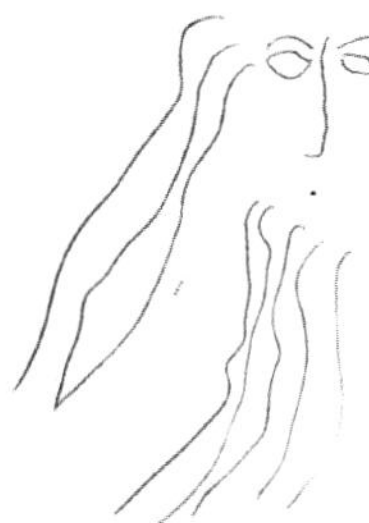

Dominique

de Villepin

Alain Juppé

A. Juppé

Raffarin

Bernadette Chirac

Chirac

J. CHIRAC

– Poutine –

C. HAIGNERÉ

M Rocard

Ci-dessus : Michel à son bureau en octobre 2014. Son cancer sera détecté six mois plus tard. © Lartige/CL2P

Ci-dessous : À l'Élysée, le 9 octobre 2015, lors de la remise de la grand-croix de la Légion d'honneur par le président de la République. Devant une assemblée de quelque trois cents amis. © Bestimage

séances, une perte d'équilibre, dont m'informe en aparté l'ambassadeur. Durant les quatre heures de vol New Delhi-Calcutta, mon inquiétude prend sérieusement forme. Michel n'arrive plus à parler. Dans son coin près du hublot, il baragouine des phrases incompréhensibles, certaines en anglais. La panique me saisit, je me terre au fond de mon siège, craignant le pire à l'arrivée. Or, à la descente d'avion, vers 16 heures, tout redevient normal, il salue les officiels comme si de rien n'était. On nous installe au Taj Mahal, hôtel superbe, où je laisse mon mari faire une sieste pendant que je fais un tour à la maison Mère Teresa, chez les Missionnaires de la Charité, auxquelles j'apporte une cargaison d'antibiotiques de la part d'un laboratoire pharmaceutique. La visite des lieux est émouvante : la chambre de Mère Teresa, si modeste (6 mètres carrés), à l'image de la sainte albanaise, puis le cercueil de marbre blanc où elle repose. Nous sommes le 29 juin, un vendredi, et ce jour-là les vœux sont autorisés. J'en dépose un dans l'urne à cet effet ; j'ai suivi le catéchisme quand j'étais petite et ai fait ma communion solennelle, ça laisse des traces.

Mon Michel semble requinqué, en forme pour le débat qui l'attend à 19 heures à une société historique. Mais j'ai trop présumé de son rétablissement. Aux questions qu'on lui pose sur l'histoire, sur la politique française ou internationale, il répond systématiquement à côté. Et avec un temps de retard. De retour à l'hôtel, j'appelle l'ambassadeur Dominique

Girard pour lui exposer la situation et l'informer que l'ex-Premier ministre n'est plus en mesure d'honorer les engagements pris auprès du gouvernement indien. Il me propose d'envoyer le soir même le médecin traitant de la communauté française pour l'ausculter. Celui-ci, après examen, décide d'un scanner de la tête pour le lendemain. Nuit d'angoisse ; le scan révèle à 8 heures du matin une grosse poche de sang qui presse le lobe du cerveau permettant la parole...

Le jour n'est pas encore levé à Paris, tant pis, je téléphone à notre ami le Pr Olivier Lyon-Caen (mari de ma copine Jacqueline Chabridon). Diagnostic : « Tu n'as pas une minute à perdre, il faut le faire opérer tout de suite sur place. Pas question de le ramener en France dans cet état. »

L'intervention a lieu à 14 heures. À 16 heures, mon mari remonte du bloc, déjà conscient, et moi je réponds à des appels téléphoniques non-stop. Le monde entier semble au courant, y compris le président Sarkozy fraîchement élu... Mystère de la propagation des nouvelles : je n'avais prévenu personne, hormis Lyon-Caen.

Nous rentrons quinze jours plus tard, le 15 juillet. J'aurais eu le temps de faire quelques incursions dans la vie grouillante de Calcutta, de m'imprégner de cette ambiance de misère et de joie en même temps. Devant les grabats des malades et des indigents de Prem Dan, l'hôpital où les sœurs missionnaires et les laïcs bénévoles perpétuent l'œuvre caritative de Mère Teresa, j'ai le cœur serré, mais je me dis que la mort dans ces grandes salles communes, où se dispense tant d'amour et d'empathie, est peut-être préférable à celle des chambres aseptisées d'un hôpital Pompidou.

Michel est bien vivant, et se révélera plus pétulant encore après son AVC qu'avant. « Mais j'ai eu très peur, m'as-tu avoué, je ne croyais pas en réchapper. » Il est un être en tout cas qui a gagné à l'opération, c'est Bengali, une petite chatte efflanquée qui m'attendait chaque jour devant l'hôpital pour quémander sa nourriture… et qui est revenue avec nous en France pour compléter le troupeau. Michel était déjà assez en forme pour négocier de pied ferme avec les autorités aéroportuaires le droit de l'embarquer.

Elle s'adaptera très bien, comme tous nos estropiés, au climat des Yvelines, et mon rescapé ne cessera, à ma grande surprise, de vanter ses charmes félins devant la caméra de l'émission « 30 millions d'amis », venue nous filmer le 2 février 2008 dans notre repaire champêtre. Michel y avoue sans détour avoir découvert sur le tard, grâce à moi, les joies de la nature et le plaisir de prodiguer affection et câlins aux animaux : « Ça donne une dimension à l'existence », assure-t-il, face caméra. Qui l'eût cru ?

15

Tes amies les bêtes

C'est une facette de ce grand cerveau politique que peu de gens connaissent. La tendresse de Michel pour les animaux, son goût de la nature… Il a dit à « 30 millions d'amis » avoir acquis cette sensibilité en tombant amoureux de moi au tournant de ses presque 70 ans, j'en suis heureuse car certains se moquaient qu'il se soit entiché d'une inconditionnelle de la cause animale… Prune, Choupie-Choupie, Myrtille, Amande, Perle ou Vladimir ont vraiment fait partie de notre quotidien – lorsque Michel n'était pas dans les airs ou au bout du monde en tout cas. Il les caressait, les dorlotait, ne s'est jamais formalisé qu'ils accaparent notre lit ou grimpent sur les tables. Rien ne leur était interdit. À la campagne, dans la merveilleuse longère de Durtal où nous avons passé tant de week-ends ou de vacances de 2007 à 2013, il partait seul pour de longues balades après sa sieste rituelle, à la découverte des chevreuils, à l'écoute des mésanges, des piverts ou des hirondelles. Bucolique, mon Rocard !

La Duchesse – c'était le nom de la propriété – s'étendait sur 3 hectares de parc et de forêt. Devenu expert en botanique, mon incollable énarque énumérait les essences de nos arbres avec le même sérieux que les tenants et aboutissants du RMI ou de la CSG, ses plus grandes fiertés. L'allée de cerisiers du Japon qui nous accueillaient en fleur à chaque printemps était pour nous un ravissement. La douceur angevine convenait à mon dur à cuire de la politique.

À chaque nouvel arrivage de chien perdu ou chat malingre, il fallait que je lui explique : d'où il venait, de quel malheur, pourquoi il était impératif de le requinquer chez nous. Ensemble, nous avons ramassé la petite Bengali, en Inde, donc, puis Noëlle, qui lapait le lait que nous lui laissions devant la porte durant notre premier Noël à Durtal, ou encore Zita, sorte de lévrier italien, rapatriée d'un séjour à Moscou et se donnant des airs de tsarine devant une télévision russe venue nous filmer dans les Yvelines. À Choisel, nous avons aussi hérité d'un Vladimir, matou aux allures tellement impériales que nous lui donnions du « Votre Altesse », ainsi que d'un petit bichon, aussitôt baptisé Milou, dont les maîtres ne voulaient plus. Ce chien avait tous les droits, tu l'adorais, il ne t'a survécu qu'un an et sera près de toi en Corse.

N'as-tu pas aussi, en 2003, épargné la fourrière au trop chic sharpeï d'une future Mme Philippe Starck ?

Amie de ma fille Poupette et encore attachée de presse chez LVMH, Jasmine Abdellatif vient un jour de juillet 2003 déjeuner avec son Clothaire à pattes, tout en rides et en plis, dans notre jardin du Mesnil-Saint-Denis. « Vous ne voulez pas le garder pour l'été avec vos chiens ? Je le reprendrai à la rentrée », nous demande-t-elle. En septembre, elle n'en manifeste aucunement l'intention et quand je lui dis, en octobre, qu'il est plus que temps de récupérer la bestiole, elle m'annonce ne savoir qu'en faire et qu'elle va le donner à la SPA. Bien entendu, il n'en a pas été question. Tu as décidé, Michel, que Clothaire resterait avec nous. Nous avons perdu de vue son ancienne maîtresse (devenue quatrième épouse Starck en 2007), et lorsque nous la croiserons en 2009 à une fête donnée pour les 70 ans de Bernard Kouchner, elle ne demandera même pas de nouvelles du petit chien, alors décédé.

Un jour d'octobre 2015, j'ai vu deux grosses larmes couler sur tes joues après que je t'ai raconté la triste histoire de Basile, un corniaud que je venais de récupérer à la Fondation Brigitte-Bardot et qui devait sa vie au bon cœur de notre vétérinaire de Montfort-l'Amaury. Ce chien lui avait été amené pour euthanasie par un maître désolé, qui dormait dans sa voiture depuis le décès de sa vieille mère et ne pouvait plus subvenir à son entretien. Plutôt que de le piquer, le véto l'avait sauvé en le confiant à la Fondation, qui bien sûr m'avait alertée en priorité !

C'était Michel

Je ne sais ce qui t'avait le plus ému, de la détresse de l'homme ou du chien… Nous avons essayé plusieurs fois de joindre ce monsieur pour lui dire que nous allions essayer de lui trouver un logement dans sa commune, mais il avait disparu.

16

Et en même temps…

Et en même temps, malgré cette tendresse nouvelle pour le règne animal, mon Michel ne tenait pas en place. Sans mouvement ni occupations, peut-être aurait-il dépéri. Aussi acceptait-il presque toutes les missions sans exception. Et le quinquennat Sarkozy allait en apporter à foison à ce retraité de la deuxième gauche…

Son année 2008 commençait néanmoins par un chagrin : la perte de sa fille Sylvie, l'aînée de ses enfants, née en 1956 de son premier mariage avec Geneviève Poujol. Mère de cinq garçons, elle décédait en février des suites d'une tumeur au cerveau détectée deux ans auparavant. Elle avait été rapatriée de Tahiti en urgence en 2006, ainsi que ses trois plus jeunes fils, Michel ayant déjà les deux aînés sous sa garde à Paris. Je la vis souvent durant sa maladie et garde le souvenir d'une femme éprouvée par la vie. Sylvie avait 13 ans lors du divorce de ses parents et a traîné une jeunesse difficile. Jusqu'à une rencontre malheureuse avec un homme pas très tendre, dont Michel l'avait protégée en l'installant au bout du monde, dans sa chère Polynésie. Je n'en saurai pas davantage... Michel ne s'épanchait guère sur ses relations avec sa progéniture. Pas plus que sur ses vies privées antérieures ! Ainsi vont parfois, cahin-caha, les enfances de couples séparés. Poupette en revanche, alias Anne-Catherine, ma petite dernière de 46 ans, a beaucoup partagé de notre vie à tous les deux. Tu l'adorais et c'est en tenant sa main d'un côté, la mienne de l'autre, que tu as rendu ton dernier souffle le 2 juillet 2016...

En attendant, tu prenais dès que tu le pouvais la poudre d'escampette pour tenir tes engagements divers. Et le mélange des genres ne te faisait pas peur.

Ton premier déplacement post-convalescence, en septembre 2007, est pour assister à Londres au conseil d'administration d'un fonds d'investissement britannique, Terra Firma : l'économie appliquée, faut-il croire, t'intéressait tout autant que sa théorie, et le capital n'était pas pour toi un vilain mot ! Ce qui ne t'empêchait pas de cogiter sous la houlette de ton copain Hessel au sein du Collegium international éthique, scientifique et politique, une sorte de club des sages réunissant des dirigeants ou intellectuels de toutes nationalités (Helmut Schmidt, Joseph Stiglitz ou Edgar Morin) afin de formuler sur les grands problèmes de la planète une pensée utile à l'ONU. Tu n'aurais non plus manqué pour rien au monde un petit déjeuner « Vauban », du nom d'un club de réflexion fondé et animé par ton grand ami Antoine Veil[1], chef d'entreprise, mari de Simone et pas vraiment de gauche. Au fond, Michel, tu étais « en même temps » bien avant Macron. Ce qui explique sans doute que tu l'aies adoubé et qu'il se soit souvent réclamé de ton influence.

Depuis 2004, les dîners avec le jeune couple se sont multipliés, nous sommes à leur mariage au Touquet le 20 octobre 2007, champagne à flots à l'hôtel Westminster. Henry Hermand est le témoin d'Emmanuel, tu es le seul représentant du monde politique. Macron est déjà membre de la Commission Attali pour la libération de la croissance française, tandis que toi, son mentor de gauche – mais n'es-tu pas plutôt « et » de gauche « et » de droite, comme lui ? –, tu participes à une Commission sur la revalorisation du métier d'enseignant mise en place par le ministre de l'Éducation du gouvernement Fillon, Xavier Darcos[2]. Tu effectues aussi de menus allers-retours, à Boston ou au Niger, pour un débat sur le désarmement nucléaire ou une conférence sur l'eau (du groupe Ressources, de Veolia).

Tu t'inquiètes en effet du « stress hydrique » qui menace la planète. La consommation augmente partout tandis qu'une désertification est à l'œuvre dans

1. Haut fonctionnaire et chef d'entreprise, décédé en 2013. Le club Vauban, créé en 1983 avec son épouse Simone Veil, visait à transcender les clivages politiques.

2. Michel Rocard démissionne de cette commission quelques mois plus tard, en février 2009.

certaines zones du monde, accentuée par le réchauffement climatique. Je reproduis ce que tu as écrit dans ta préface d'un livre publié en 2013[1] :

> L'eau de la planète bleue approche les 14 milliards de mètres cubes, 97,2 % de ce volume immense est salé : mers et océans. Les 2,8 % restants sont de l'eau douce, mais 70 % de cette dernière quantité composent les glaces de l'Antarctique, du Groenland, de l'Himalaya. L'humanité dispose donc en eau douce de 0,65 % de l'eau présente sur Terre, dont l'essentiel, soit 0,62 % vient des nappes phréatiques. Et la moyenne des temps de reconstitution des nappes phréatiques serait de l'ordre de cent cinquante à deux cents ans… On est dans le temps long, mais la prudence s'impose.

Les chiffres donnent le tournis !

Tu es littéralement obsédé, en ces années 2007-2008, par un autre danger, gravissime, dont tu m'entretiens fréquemment : la pollution des mers, donc des poissons et de l'alimentation humaine, par des substances toxiques, genre gaz sarin, ypérite ou Zyclon B, enfouis dans les grands fonds des mers Baltique et du Nord après la Seconde Guerre mondiale. Un savant russe, le vice-amiral Borissov, t'a alerté sur la question. Les Alliés, s'emparant en 1945 de l'arme chimique de l'Allemagne vaincue, ont coulé, selon lui, à bord de vieux rafiots, les 302 875 tonnes d'obus de leurs arsenaux. La Russie,

1. *Ces hommes qui font vivre les rivières*, Agence de l'eau Rhône-Méditerranée-Corse, 2013.

les États-Unis et la Grande-Bretagne se seraient ainsi débarrassés au large de la Suède, du Danemark ou de la Lettonie des 66 000 tonnes de substances toxiques contenues dans ces obus. Toute la chaîne alimentaire serait contaminée. Les Russes, ainsi qu'une scientifique britannique, auraient sonné l'alarme dès 1991, mais personne ne bouge...

Tu as plus de 77 ans, tu cogites tous azimuts et tu sillonnes la planète.

Moi je cours les agences immobilières... et je trouve. Bougival est trop malcommode, avec tous ses escaliers, surtout depuis ton accident. Nous quittons cette maison en 2008 pour nous installer à Choisel. Tu es enchanté de ta nouvelle pièce de travail, face à de hauts arbres et à un étang, moi je m'occupe des quelques inévitables travaux et de gérer tel un général d'armée le transfert de nos troupes et munitions : quatorze chats, six chiens, des kilos de dossiers et des milliers de livres. Pour ne rien arranger, ton adresse professionnelle change aussi. Tu dois laisser à regret ton QG historique du 266, boulevard Saint-Germain pour des locaux fonctionnels alloués par le providentiel Hermand, dans une galerie commerciale des Champs-Élysées. Il y possède lui-même le siège de sa société et y héberge également le think tank du PS, Terra Nova.

En septembre paraît *Notre Europe*[1], un pavé cosigné de toi et d'une experte en questions euro-

1. Robert Laffont, 2008.

péennes, Nicole Gnesotto, qui, semble-t-il, ne passionne pas les foules. Brigitte et Emmanuel Macron viennent un week-end, cheveux au vent, découvrir notre nouveau gîte dans une Peugeot décapotable toute neuve. Le vendredi 12, c'est nous qui étrennons leur appartement de la rue Falguière, dans le 15e arrondissement. Emmanuel a quitté la fonction publique et commence une carrière de banquier d'affaires chez Rothschild. L'élection de Nicolas Sarkozy l'aurait, selon ses dires, poussé vers le privé.

La présidence Sarkozy aura sur toi l'effet inverse. Elle te catapulte encore vers de nouvelles activités et passions. Et te remet en selle plus sûrement que les bons docteurs indiens ! Les missions que ne t'ont consenties ni ton camarade Jospin Premier ministre ni ton condisciple de l'ENA Jacques Chirac, c'est Nicolas Sarkozy qui va te les confier. Et elles vont combler jusqu'au bout ton inaltérable besoin de bouger et de cogiter.

En 2009, tu as déjà eu le temps d'aller – sans moi – à Rio, São Paulo, Washington, Lisbonne, Oslo ou Helsinki quand nous partons ensemble, fin février, pour un rituel bien agréable, la réunion annuelle, à Monte-Carlo, du Club de Monaco, dont le diplomate Claude de Kémoularia[1], ancien conseiller du prince

1. D'origine géorgienne, Claude de Kémoularia, décédé en 2016, fut aussi haut fonctionnaire et banquier d'affaires.

Rainier, est l'un des grands ordonnateurs. C'est encore un cercle de réflexion, réunissant penseurs et responsables politiques des deux bords de la Méditerranée pour réfléchir aux problèmes de cette zone du monde. Moi, pendant ce temps, je joue les it-girls à notre hôtel, L'Ermitage, en toute simplicité. Tu es à Istanbul, le 18 mars, quand t'échoit ta première mission Sarko : tu es nommé « ambassadeur de France pour les pôles arctique et antarctique ». C'est ton copain Bernard Kouchner, alors ministre des Affaires étrangères, qui l'annonce. Remous dans le Landernau socialiste : serais-tu une nouvelle prise de guerre dans la politique d'ouverture du président UMP ? « Je reste dans l'opposition », affirmes-tu, tout en faisant valoir ta légitimité à t'occuper de ces questions. La presse rappelle que tu as été l'initiateur, dans tes années Matignon, avec le Premier ministre australien Bob Hope, du protocole de Madrid, interdisant toute extraction minière dans cette zone. Te voilà donc parti pour des expéditions polaires. Dans des conditions parfois rocambolesques que me racontera ton avisé collaborateur Laurent Mayet, fondateur du Cercle polaire, que tu présides par ailleurs.

Une autre tâche t'attend, dont tu n'es pas peu fier et qui t'apportera de grandes satisfactions intellectuelles : la mission sur le Grand emprunt national pour les investissements d'avenir. Un job d'été, si on peut dire, qui t'incombe le 6 juillet 2009, en tandem avec un autre ex-Premier ministre, Alain Juppé. Tu trouvais très instructif vos auditions de tous ces savants expliquant où se trouvait l'avenir dans leurs domaines respectifs, médecine, biologie, etc. Entre Juppé et toi, de deux bords politiques *a priori* différents, ce fut l'entente la plus cordiale. « Nous sommes sur les mêmes voies dans beaucoup de domaines », me disais-tu le soir, tout en te régalant de mon poulet à la marocaine ou d'une omelette toute simple, battue avec les œufs de nos poules. Deux seuls points vous opposaient : les 35 heures, que tu aurais voulu réduire à 28 heures ou 30 heures en raison de la baisse générale du travail, et l'Europe, sur l'avenir de laquelle tu te montrais beaucoup plus pessimiste que lui. Les Britanniques, selon toi, la boycottaient depuis toujours ; aucune politique migratoire ni économique commune n'était mise en œuvre, et la montée des populismes qui en résultait t'inquiétait gravement.

La relation avec Juppé était néanmoins un vrai plaisir, et c'est sans doute ce qui a amené le journaliste Bernard Guetta à vous proposer à tous les deux le livre d'entretien qui est paru en 2011, *La politique, telle qu'elle meurt de ne pas être*[1].

1. JC Lattès.

17

80 ans et French cancan

Tes entretiens avec Alain Juppé, menés par Guetta, débutent en mars 2010. Cette année-là est celle de tes 80 ans, et je ne vois pas l'ombre d'un ralentissement dans ton activité. Au contraire ! Avant votre premier rendez-vous – il y en aura une dizaine –, tu auras eu le temps de te rendre à Oman puis Yaoundé (Cameroun) ; tu as aussi failli retourner à Téhéran, mais cela, c'est une histoire qui méritera des développements ultérieurs. Tu auditionnes toujours des experts pour la commission Grand emprunt et tu t'installes au Quai d'Orsay, avec l'indispensable Laurent Mayet, ambassadeur *bis* en quelque sorte en matière de pôles arctique et antarctique, si attaché à toi et au sérieux de vos fonctions qu'il démissionnera lorsque Ségolène Royal obtiendra en 2017 d'occuper le poste…

Vos premiers bureaux ne manquent pas de panache : la chambre de la Reine, aménagée en 1938 pour la visite des monarques britanniques, avec sa magnifique salle de bains Art déco. Cet hébergement prestigieux ne dure pas longtemps : aussitôt la gauche au pouvoir et Laurent Fabius devenu ministre des Affaires étrangères, ce dernier vous déloge pour vous reléguer dans un sombre bureau d'une annexe de la rue Oudinot. De ce moment également datera toute impossibilité de rendre compte au titulaire du portefeuille. L'inimitié entre vous ne remontait guère qu'à trente ans, et à la guerre des deux gauches déclenchée au fatidique congrès de Metz de 1971. La rancune de Fabius était, semble-t-il, inextinguible, alors même que tu l'avais soutenu dans l'affaire du sang contaminé qui lui valut injustement tant d'opprobre : « Si cela m'était arrivé, je n'aurais pas non plus forcément compris tout de suite l'importance et la gravité de cet enjeu. » Ne me disais-tu pas tout le temps que les hommes politiques ne sont ni omniscients ni infaillibles ?

L'été approche, et, à son zénith, la date d'un rituel toujours scrupuleusement observé, celui de ton anniversaire, le 23 août. Cette année, tu fêtes une décennie, il va falloir se décarcasser ! Pendant que je cherche une idée de génie tout en binant, semant, plantant dans le jardin de Choisel, tu sillonnes encore la planète : un petit tour en Ouzbékistan, un autre au Canada, un troisième à Shanghai. Les vacances nous amènent tous les deux à Tanger, une nouvelle fois dans le paradis des Hermand surplombant la baie et ses admirables couchers de soleil.

Avec la complicité d'Henry, je songe à une grande fiesta pour tes 80 ans. Mais comme en plein mois d'août personne n'est là, nous décidons de décaler d'un mois l'anniversaire. Ce sera le 20 septembre à la Nouvelle Ève, cabaret rococo et French cancan au pied de la butte Montmartre. Certains de tes proches crient à la faute de goût mais je n'en démords pas, je sens bien le lieu, tellement loufoque, si décalé par rapport à ton histoire qu'il ne pourra que vous égayer, toi et les nombreux amis qui seront conviés à te congratuler.

Ce lundi soir, ils sont d'ailleurs deux cent vingt dans les ors et la pourpre de ce petit théâtre à l'italienne. Les Jospin sont avec toi à la table d'honneur, il ne manque aucun pilier de la « Rocardie », les Valls, Huchon, Bauer ou Fouks (patron d'Euro RSCG), les Dreyfus et Giamarchi. Mais il y a aussi tes compagnons de toujours : syndicalistes, comme Edmond Maire ou Nicole Notat, mais aussi chefs d'entreprise – Pierre Pringuet[1], P-DG de Pernod Ricard ou Ernest-Antoine Seillières, patron des patrons –, et intellectuels, Stéphane Hessel, Jean Daniel ou Jacques Julliard, les têtes pensantes de *L'Obs*. Au temple du French cancan ne manquent pas non plus tes « potes » du show-biz et de la Corse, Guy Bedos, Michel Fugain ou Françoise Hardy… Et même Fabrice Luchini, qui nous régale d'un one-man show de vingt minutes.

1. Polytechnicien, Pierre Pringuet fut conseiller technique de Michel Rocard lorsqu'il était ministre du Plan puis de l'Agriculture (1981-1985). Il est aussi président de l'AFEP (Association des entreprises privées) et vice-président de l'association Michelrocard.org, créée en 2014 (du vivant de Michel, donc).

Quant à moi, je commets la folie de ma vie : je me laisse persuader par mon professeur de danse classique Anne-Marie Roldan de chausser les pointes et de monter sur scène pour une brève improvisation. Je danse depuis toujours, mais j'ai 65 ans et le Tout-Paris sera dans la salle ! Qu'importe, je relève le défi et j'effectuerai en effet quelques entrechats sur « La vie en rose », dans son orchestration jazzy créée pour Grace Jones. Je suis en long tutu noir, le visage masqué d'un loup que je n'enlève qu'à la fin du morceau, Michel est soufflé, monte sur scène pour m'embrasser…

« Merci, ma chérie, du bonheur que tu me donnes », lâche-t-il au fil d'un long discours entamé aussitôt après ma « performance ». Égal à lui-même, il y retrace avec sérieux les grandes lignes de son parcours, salue avec humour et une pointe d'émotion ses vieux copains de classe, René Caquet notamment, professeur de médecine et ex-condisciple de l'École alsacienne, comme ses compagnons de route – politiques et syndicalistes – ou ses amis « de plume et de scène ». Il conclut sur une note un rien crépusculaire : « L'envie de changer le monde me tient depuis quatre-vingts ans. Et ne vous moquez pas de moi, vous l'avez tous eue […], mais c'est plutôt raté. Le monde est en bien plus mauvais état que quand il a bien voulu m'accueillir. Ça donne à penser, ça pourrait même nous donner le cafard… » Mais il n'en est rien ! Son appel final à « vaincre la morosité par la chanson, la musique, l'humour et la gaieté » est entendu, la fête est réussie et se poursuit bien au-delà de minuit.

Aussitôt après, nouveau départ... Pour Moscou cette fois. Je suis à la fête, c'est bien mon tour, car ma mère m'a toujours laissé entendre que mon père inconnu était peut-être un Russe. Mystère. Je me sens bien en tout cas dans cette capitale, comme si Marius Petipa, notre gloire marseillaise de la danse, créateur de l'école russe du ballet, allait surgir au détour d'une rue. Je marche en quête de l'âme slave, je ressens une étrange proximité avec ce pays dont l'histoire, la musique et la littérature m'ont toujours séduite...

Nous enchaînons sur deux jours à Saint-Pétersbourg : les splendeurs du musée de l'Hermitage, le palais Ioussoupov, dernière demeure de l'assassin supposé de Raspoutine, un ballet au théâtre Mariinsky, follement romantique et désuet... Nous mettons nos pas dans ceux de l'ancienne Russie et allons même jusqu'à franchir la Neva à la découverte des bâtiments néoclassiques de l'île Vassilievski.

Les souvenirs de ce périple me poursuivront longtemps. Un jour, chinant dans une brocante en France, je tombe sur deux photos en noir et blanc de la place de l'Hermitage en 1910. L'encadrement est quelconque mais porte l'estampille d'un encadreur new-yorkais. De là à imaginer que ces photos avaient appartenu à des Russes blancs émigrés aux États-Unis puis échoués en Europe, il n'y a qu'un pas que je franchis bien sûr allégrement.

À peine rentrés, nous partons pour notre troisième voyage ensemble au Japon : Tokyo, Osaka, Kyoto, soit le circuit habituel des réunions du Conseil de coopération économique du Pacifique. Je me souviens de mon tout premier contact avec l'archipel nippon, vers la fin des années 80, lorsque je représentais, en tant que consultante, les intérêts du canadien IMAX à une importante exposition internationale à Osaka. À cette occasion, j'avais été conviée à un déjeuner à la résidence de l'ambassadeur de France à Tokyo et avais pu mesurer l'importance stratégique de cette possession immobilière de l'État français, dans 2,5 hectares de jardins en plein cœur de la capitale. Elle a été vendue depuis.

Au creux de l'automne 2010, enfin je me pose ! Et retrouve avec joie mon jardin et mes chers animaux tandis que mon globe-trotter octogénaire s'envole pour l'Islande avec son conseiller spécial pôles Laurent Mayet, la moitié de son âge et la même passion en partage. Océanographe, Laurent a fondé l'ONG Le Cercle polaire, dont tu es président d'honneur. Le chef de l'État islandais, en panne de projet mobilisateur, souhaite monter une fondation Artic Circle… Je n'en saurai guère plus sur la teneur du projet, mais obtiendrai en revanche force détails cocasses sur les sanitaires de la suite qui leur est réservée dans un hôtel chic : baignoire en forme de dauphin et lavabo aux airs de pingouin. Les péripéties d'ambassadeur des pôles ne font que commencer pour votre fine équipe. Une autre aventure vous attend fin novembre, dans le détroit de Magellan, aux confins de la Patagonie. Vous devez embarquer à Punta Arenas, au Chili, sur un paquebot du croisiériste Ponant pour une traversée vers l'Antarctique. La compagnie maritime soutient Le Cercle polaire, vous êtes ses invités. À titre de remerciement, tu dois donner quelques conférences à bord. Tu as déjà ainsi navigué deux fois à bord du *Diamant* en 2009. Mais cette fois, le périple tourne court. Après les quelque vingt-quatre heures de vol Paris-Buenos Aires-Punta Arenas et plusieurs jours d'attente dans le port chilien, vous devez rebrousser chemin. Impossible d'embarquer dans une ville paralysée par les grèves consécutives à l'annonce d'une hausse de 25 % des tarifs du gaz.

Même plan de vol dans l'autre sens… À peine à terre, tu reprends vaillamment l'avion. Pour Toulon et un colloque auquel tu dois participer. Tu ne cesses durant toute cette période de vitupérer contre la crise économique qui menace le monde, contre l'immoralité des banques, la folie des subprimes et l'inquiétante augmentation du prix des matières premières, abusivement exploitées au risque de leur disparition. Nos dîners sont nourris de propos de haute volée !

Nous passons les fêtes de Noël dans la quiétude angevine de Durtal. Mais tu ne peux t'empêcher de travailler. Les entretiens avec Alain Juppé étant terminés et Bernard Guetta en train de peaufiner leur publication, tu te lances dans l'écriture d'un manuel pour adolescents, à la demande de Diane Euvrard, des éditions Gallimard Jeunesse. Une gageure pour un homme qui, pour expliquer le syndicalisme, remonte aux phalanstères du XIXe siècle, quand ce n'est pas à la préhistoire. Mais l'exercice intellectuel t'amuse et *La politique, ça vous regarde !* sera bel et bien publié en 2012.

Le livre de Bernard Guetta paraît, lui, à la rentrée 2011, *La politique, telle qu'elle meurt de ne pas être*[1]. Il scelle la relation amicale, de respect mutuel, née avec Alain Juppé… et te donne encore l'occasion de quelques rouspétances !

1. *Op. cit.*

18

Michel aux deux pôles

« Ces journalistes sont vraiment insupportables ! Leurs questions ne cherchent qu'à déstabiliser leur interlocuteur. Ils ne réfléchissent pas, n'aiment que la guerre et puis on doit être taillable et corvéable à merci, répondre présent dès qu'ils vous sonnent ! » Les interviews données à la parution du livre, en janvier 2011, attisent ta défiance à l'égard des médias. Tu n'as plus beaucoup d'illusions, à dire vrai, sur la noblesse de ton propre métier… « La politique n'est plus celle que j'ai connue auprès de Pierre Mendès France. Les jeunes sortis des grandes écoles ont raison de s'en détourner, de choisir la voie de l'économie ou de l'international. Le XVIIIe siècle est loin, le rôle de la France a été considérablement réduit, et aujourd'hui ce sont les nouvelles puissances qui vont diriger le monde. »

Ces quelques réflexions désabusées ne t'empêchent pas d'honorer avec ardeur tous tes engagements et obligations, ce qui se traduit, comme de coutume, par une fréquentation assidue des aéroports. Ton emploi du temps ne fait pas relâche, j'en partage les moments les plus plaisants : rendez-vous du Club de Monaco à Monte-Carlo en mars, anniversaire glamour de Mikhaïl Gorbatchev au Royal Albert Hall de Londres le 30 de ce même mois.

J'arrive quand même à t'exfiltrer de-ci de-là à Durtal : deux heures de route depuis les Yvelines, moi au volant, la voiture chargée à ras bord de notre ménagerie et du nécessaire au confort de nos animaux-rois ! L'été nous amène en Corse, chez les Bedos d'abord, puis pour quatre jours passés trop vite chez les Fugain à discuter inlassablement politique ou économie sous la treille de nos déjeuners...

En juin, il y avait eu un petit aller-retour de rien à Buenos Aires, pour une réunion consultative du traité de l'Antarctique, signé en 1989 par mon cher ex-Premier ministre de mari avec son homologue australien Bob Hope. Accord historique dont se congratulent encore les régions polaires, protégées ainsi de toute exploitation économique et sanctuarisées comme territoires dévolus exclusivement à la science. Et dès fin juillet, nous nous envolions pour Montréal où tu devais embarquer pour cinq jours de traversée vers l'Arctique, sur un brise-glace de l'université Laval. Tes liens avec la Petite France remontent à loin, et ladite université te fera docteur *honoris causa* en 2013. Je ne partage pas bien sûr la même connivence que toi avec tes amis de toujours – n'as-tu pas eu une affaire de cœur avec une jolie enseignante de cette faculté, femme politique canadienne au demeurant ? –, mais je savoure la chaleur jamais démentie de l'accueil québécois.

Cette année-là, j'ai pour ma part entamé une nouvelle collaboration bénévole avec l'hôpital de Rambouillet. Les 40 kilomètres à faire pour rallier le centre hospitalier Georges-Pompidou depuis notre domicile de Choisel devenaient trop pesants, j'ai demandé cette mutation. L'ambiance quasi familiale de Rambouillet me convient, et le souvenir des aides-soignantes de cet établissement, Constance, Yvette, Dominique ou Claudia, me fait encore chaud au cœur. Il faut tout leur courage et leur joie de vivre pour surmonter l'infinie tristesse des moments passés au chevet de malades en soins palliatifs. Et ma part d'indignation à moi porte sur le salaire ridicule de ces femmes exemplaires, comparé à celui des footballeurs par exemple !

Je t'en parle au retour de mes visites, en ce mois d'août où, attelé à ton bureau, devant le panorama que tu adores des grands arbres ployant autour de l'étang, tu noircis encore des pages et des pages de ta calligraphie penchée : une tribune pour la presse, un chapitre de ton nouveau livre pour les enfants, un rapport pour le Quai d'Orsay, que sais-je ?

Le 23, relâche ! C'est le rituel de ton anniversaire, j'organise un simple déjeuner champêtre avec les fidèles, Guy Carcassonne en est le pivot et l'affaire DSK qui vient d'éclater trois mois plus tôt à New York est au centre des conversations. « Carcasse », ami des

Strauss-Kahn et juriste, multiplie les allers-retours pour les conseiller et tenter de les réconforter. Bien sûr, tu savais, Michel, l'addiction de ton ami. Tu le savais si bien que tu n'as jamais pensé à un coup monté par la Sarkozie, contrairement à certains. Mais que va devenir le PS, dont le seul espoir pour la présidentielle de l'année suivante vient de s'autoéliminer ? Et que faire pour Anne, si droite et digne dans la circonstance ? Le contexte, pour tes 81 ans, ne porte guère à l'euphorie.

Vas-tu pour autant ralentir le rythme ? Bien sûr que non. Le 4 septembre, tu es à bord du *Diamant* pour une croisière de quinze jours dans le Grand Nord canadien, du détroit du Labrador à la Nouvelle-Angleterre en passant par Terre-Neuve. Tu es rompu à l'exercice des conférences, tu te plies avec plaisir à ces prestations. Ma principale contribution consiste, pour ce type de voyage, à te préparer la panoplie vestimentaire adéquate ! Salopette à bretelles et doudoune de choc, bonnet et gants polaires, etc.

Tu as le temps de m'offrir le 11 novembre, pour mon anniversaire, une soirée ballet à l'Opéra Garnier… Tu te souviens, j'ai pu soutirer à Édouard Balladur, assis près de nous au premier rang du balcon, une information capitale pour mon ego : il préfère le ballet à l'opéra, comme moi, ce qui, en général, est considéré comme une faute de goût… Ouf, je ne suis pas la seule, si une sommité comme lui partage ma préférence, me voilà dédouanée !

Quelques jours plus tard, tu files à ton énième Conseil de coopération économique du Pacifique à Nouméa. Un mois plus tard, c'est une expédition autrement plus hasardeuse qui t'attend en Antarctique. Tu pourras t'enorgueillir, cher ambassadeur emmitouflé dans tes tenues d'apprenti esquimau, d'avoir en l'espace de quelque six mois parcouru les deux pôles.

Ton objectif en cette fin d'année 2011 ? Le pôle Sud. Après un très long vol vers la Tasmanie, *via* Singapour et Sydney, tu partages donc pendant neuf jours, toujours escorté de Laurent Mayet, le quotidien des passagers d'un navire mythique, *L'Astrolabe*, reliant pendant l'été austral Hobart, en Australie, à Dumont-d'Urville en terre Adélie. Deux mille sept cents kilomètres de route maritime dans une sorte de cargo gîtant parmi les pans de glace flottant sur l'océan Antarctique. Tangage assuré, roulis permanent dans un vaisseau baptisé « gastrolabe » pour les désordres qu'il inflige aux organismes fragiles. L'équipage est mi-breton, mi-ukrainien, les passagers sont des scientifiques de toutes nationalités, et tous sont logés à la même enseigne, plutôt spartiate. Michel, dans tout ça ? Même pas mal ! Laurent qui partage ta cabine me racontera t'avoir vu te caler entre tes oreillers, pour éviter de te faire balader sur ta couchette au gré des secousses, et dormir du sommeil du juste lorsque le bateau, dans un grand fracas, heurtait des icebergs. La surdité, pour une fois, t'était d'un grand secours !

À Dumont-d'Urville, cérémonie un peu surréaliste : dans un décor de cantine, m'as-tu dit, tu remets la Légion d'honneur au directeur adjoint de l'Institut Paul-Émile-Victor, Yves Frenot. Puis te voilà parti dans un coucou à hélices pour trois heures de vol vers la base franco-italienne Concordia. Un convoi de ravitaillement emprunte la voie terrestre pour alimenter la base. Tu découvres éberlué le Raid, cette procession de camions évoluant sur la neige comme une longue chenille sur patins… Il fait -25 °C, voire -30 °C, Concordia est à 3 200 mètres d'altitude, le choc est brutal, tu dois passer quelques heures dans un caisson à oxygène tandis que le reste de l'équipe rend visite à la base russe. Vous partagerez le soir venu un dîner succulent préparé par un vrai chef à toque et arrosé d'un mémorable bordeaux. Changement d'échelle, vous ralliez ensuite la base américaine de McMurdo, sur l'île de Ross, en Nouvelle-Zélande : une mégalopole en comparaison des confettis précédents. Mille résidents permanents, des cinémas, des magasins et un aéroport digne de ce nom. Vous touchez bientôt au but en ce début de janvier 2012, le pôle Sud géographique, un plateau glacé à 2 835 mètres d'altitude posé au beau milieu de l'Antarctique dans un paysage lunaire, que vous ralliez à bord d'un avion-cargo américain, le LC-130, étudié pour les glaces. Tu tousses beaucoup, photo souvenir devant le pieu polaire de l'Antarctique, puis tout le monde va se requinquer dans une sorte de camping des pôles, la station Union. Tu sembles mal en point, l'équipée s'inquiète, mais le lendemain, rien n'y paraît. Un dernier vol en coucou vous ramène à Punta Arenas, pour rallier de là Santiago du Chili et revenir à Paris.

Tu rentres sain et sauf, ravi et heureux d'avoir emmagasiné tant de nouvelles expériences, d'images, de rencontres, de quoi animer encore de nombreux dîners chez les copains. L'année 2012 s'annonce sportive...

19

Imbroglios iraniens

Avec l'Iran, tu joues de malchance, on dirait. Tes plans iraniens, manifestement, ne conviennent jamais au pouvoir en place.

J'ai déjà rappelé la drôle d'invitation de 2005, non suivie d'effet à l'arrivée... Tes liens avec l'Iran, comme avec un certain nombre de pays un peu blacklistés par les chancelleries occidentales, relèvent de la diplomatie très officieuse et personnelle exercée par ton ami Michel Dubois. Il te connaît depuis toujours, a des réseaux partout, surtout là où il est peu recommandé d'en avoir, et s'est même surnommé lui-même ton « Froccart », en rappel de l'influent Foccart, conseiller du général de Gaulle. Dans l'Iran « axe du Mal » d'Ahmadinejad, il s'infiltre : d'abord en se liant d'amitié avec un imam iranien d'origine française, puis en faisant la connaissance du maire de Téhéran, avec lequel il commence à parler routes, hôpitaux, traitement des déchets... Pour le cas où des groupes français pourraient éviter les conséquences de l'embargo. Son entregent va jusqu'à te faire rencontrer l'ambassadeur, lors d'un déjeuner où je suis conviée et qui aboutit à notre bizarre séjour de 2005.

En juin 2009, incident diplomatique grave entre la France et l'Iran : la jeune universitaire Clotilde Reiss est arrêtée à Téhéran, accusée d'espionnage et de participation à des manifestations illégales. Elle parle parfaitement le farsi, enseigne à l'université d'Ispahan, que fabrique-t-elle à Téhéran ? Les autorités ont vite fait de voir en elle un agent de la DGSE, d'autant plus facilement que ses parents ont appartenu, selon Michel Dubois, aux services spéciaux français. Incarcérée dans un premier temps dans une prison au nord de Téhéran, elle est ensuite assignée à résidence à l'ambassade de France.

Diverses personnalités iraniennes tentent de prendre langue avec l'Élysée et le Quai d'Orsay… En vain, semble-t-il. Et voilà que débarque par un beau samedi 10 août dans notre repaire de Choisel l'ambassadeur d'Iran en personne, Seyed Mehdi Miraboutalebi, amené par l'ami Dubois et un autre homme d'affaires français, familier des arcanes iraniennes. Au bout de deux heures d'entretien, il en ressort que tu serais, Michel, l'intermédiaire idéal pour ramener la jeune femme de Téhéran, en contrepartie, pour ce que j'en comprends, d'un réchauffement du climat diplomatique et d'affaires entre les deux pays. La question nucléaire serait au programme des discussions, qui se tiendraient à haut niveau, avec le président de la

République iranienne Mahmoud Ahmadinejad et divers conseillers du Guide suprême.

Bizarrement – à mes yeux toutefois –, alors que ton ami Bernard Kouchner, « caution de gauche » de la présidence Sarkozy, est au Quai d'Orsay, c'est directement avec l'Élysée que tu traites, au cours d'un déjeuner avec son secrétaire général Claude Guéant.

Toutes ces tractations préliminaires ont l'air de marcher comme sur des roulettes, avec l'assentiment de Guéant, il est même question d'un départ quasi clandestin le 18 septembre à minuit dans un avion de la République… Jusqu'à ce que le conseiller diplo de Nicolas Sarkozy, furieux d'avoir été tenu à l'écart, convoque l'ambassadeur iranien à l'Élysée pour lui passer un savon, ce qui fera finalement, semble-t-il, capoter l'opération. Clotilde Reiss ne sera libérée et rapatriée que le 16 mai 2010, soit neuf mois plus tard.

Michel Dubois et toi continuez toutefois à entretenir le contact avec divers représentants de la République iranienne. Un déplacement est à l'agenda d'avril 2012 : au programme, quelques conférences et des rencontres avec des industriels.

Mais voilà qu'intervient un nouveau contretemps ! Ta santé, cette fois, en est la seule responsable : tu ne fais rien moins qu'un second AVC à Stockholm, où tu t'es rendu avec Laurent Mayet au nom du

Cercle polaire pour des réunions internationales sur l'Arctique à l'ambassade de France.

Le coup de fil de ton collaborateur me surprend au beau milieu de mon cours de danse classique : tu viens de perdre connaissance à la pause-café, tu as été transporté *illico* à l'hôpital de Stockholm, fort heureusement spécialisé dans les cas « cérébraux ». Plus de peur que de mal.

Ayant pris à Roissy le premier vol pour la Suède, je te trouve (presque) en pleine forme dans ta chambre : « Tout va bien, juste un petit malaise. » Ils t'ont quand même gardé huit jours. Au retour, tu n'avais pas perdu de vue ton escapade iranienne.

Partie remise : ce sera du 9 au 15 mai. Avec l'ami Dubois en éclaireur, comme d'habitude. Avais-tu oublié que ce déplacement se situerait après le second tour de la présidentielle ? Non, avant ton départ, tu avais bien pris soin de prévenir tout le monde : Alain Juppé, ministre sortant des Affaires étrangères sous la présidence Sarkozy, et François Hollande, président fraîchement élu. Le premier envoie son feu vert ; l'équipe du second tergiverse et annonce la remise préalable d'une lettre… qui n'arrive jamais.

Les deux compères n'en ont cure et embarquent quand même, ce qui provoque un nouveau dérangement dans mon cours de danse.

« Où est Michel ? Je n'arrive pas à le joindre, il est hors de question qu'il parte ! Sortez-le de l'avion ! »

C'est Pierre Moscovici[1], fou de rage et peu amène, qui s'énerve au bout du fil. Je fais mine d'obtempérer et de me renseigner, mais laisse filer et le rappelle un peu plus tard pour lui annoncer que l'avion est en bout de piste et qu'il n'y a plus rien à tenter. Je considère en effet que mon ancien Premier ministre de mari est assez grand pour mesurer les conséquences de ses actes et qu'un membre de ton parti n'a pas à te traiter ainsi. Je crois que Dubois et toi aurez rencontré durant ce bref séjour toutes les personnes souhaitées.

Le retour, en revanche, est pour toi bien amer.

Ton avion doit atterrir à midi à Roissy ce mardi 15 mai 2012. Juste le temps de rejoindre l'Élysée pour le premier déjeuner officiel de François Hollande, réunissant les anciens Premiers ministres de gauche et leurs épouses ainsi que le président du Sénat.

Dès 12 h 45, je fais le pied de grue à l'angle du théâtre Marigny, non loin du palais. À 13 heures, je ne vois toujours rien venir. À 13 h 15, coup de klaxon, c'est ton chauffeur, l'avion avait trente minutes de retard. Nous déboulons à 13 h 25 dans la salle à manger. Silence glacial, le « pressé de langoustines aux agrumes » a déjà été servi, nous nous asseyons côte à côte pour avaler la « côte de bœuf grillée vigneronne »

1. L'actuel commissaire européen avait dirigé la campagne présidentielle de François Hollande et serait nommé le 16 mai ministre de l'Économie, des Finances et du Commerce extérieur du gouvernement Ayrault.

et ses « carottes nouvelles au jus ». Personne ne nous adresse la parole, nous sommes les pestiférés de la table. J'en suis malade pour toi, d'autant plus que Laurent Fabius, autre ancien chef de gouvernement convié, lisse déjà ses plumes de paon de futur ministre des Affaires étrangères. Je sens que tes efforts pour nouer, au profit de la France, des liens solides avec un pays qui allait s'ouvrir au marché mondial sont compromis et je me dis que les loupés de la politique ne tiennent parfois qu'à de dérisoires dissensions personnelles.

Un dernier mot au sujet de ce repas : il m'a offert l'occasion d'une seconde rencontre avec Valérie Trierweiler, qui ne me laissa pas plus d'impression que la première. Je l'avais côtoyée en janvier de cette année-là, lors d'un dîner chez Brigitte et Emmanuel Macron réunissant le couple Hollande, Jean-Pierre Jouyet et sa femme, Jérôme Cahuzac (encore au-dessus de tout soupçon) et nous-mêmes. Ambiance de veillée d'armes avant une accession au pouvoir... Mais tout le monde était quand même très détendu. Sauf Mme Trierweiler, fourrageant dans son portable pendant toute la soirée pour commenter à tout bout de champ des sondages qui nous laissaient, à cet instant, assez indifférents. Je subodorais que son caractère autoritaire devait être difficile à supporter.

20

Lisa de Cuba, Ugo de Monticello

Ce sont les chiens, Michel ! Cette année 2012, nous en avons ramassé deux de plus, ce qui allait porter à onze notre cheptel. Tandis que toi tu multipliais à Paris les déjeuners avec ta bande – les Henry Hermand, Guy Carcassonne, Pierre Encrevé, Tony Dreyfus, Alain Bauer, Roger Godino ou Emmanuel Macron –, pour des exégèses sans fin des chances de la gauche à la présidentielle, moi je m'activais à la Fondation Brigitte-Bardot.

D'où je partais en février vers La Havane, lestée de médicaments divers et de recommandations pour des rencontres au ministère de l'Intérieur. Je profitais en effet de notre voyage à l'invitation de l'ambassadeur Jean Mendelson pour proposer aux autorités de l'île un plan de stérilisation de leurs trop nombreux chiens des rues. Le séjour est formidablement réussi, passablement émouvant auprès de cette population cubaine dénuée de tout. Je laisse sans regret une partie du contenu de ma valise… et reviens avec un chiot galeux. C'est au détour d'une visite à un chenil surpeuplé, sur le chemin du retour à l'ambassade, que j'ai rencontré Lisa, gisant dans un jardin en friche ; une pauvre bête toute pelée, tremblant de fièvre et à qui le vétérinaire consulté trouve deux formes de gale. Bravant les interdits et nantis quand même d'un certificat de sortie du territoire, nous ramenons la petite malade en France, avec escale préalable à la formidable clinique vétérinaire de Trappes pour deux semaines de décontamination. Lisa fait encore aujourd'hui partie du troupeau qui campe le soir sur notre lit…

L'autre recrue de l'année 2012 est d'ascendance corse : un corniaud tout noir, moche et court sur pattes. Ugo nous a tout naturellement échu en juillet 2012, lorsqu'il se retrouva orphelin de sa maîtresse au village. Nous étions à Monticello, à l'hôtel cette fois, la petite auberge A Pasturella, où j'avais réservé deux chambres car ma fille Poupette était du voyage. Tout un poème que cet établissement tenu par Jojo et Michèle : café, pension, bureau d'accueil et de renseignement, A Pasturella est tout cela à la fois. Et c'est là qu'entre deux soirées arrosées chez Jacques Dutronc, Guy Bedos ou Michel Fugain, une cousine vint m'apitoyer sur le sort de ce pauvre chien si brave, que tu acceptas, Michel, une fois de plus sans discuter.

Le 26 août 2012, petite halte bucolique : tu es l'un des invités du regretté festival littéraire de Gonzague Saint Bris, La Forêt des Livres, à Chanceaux-près-Loches, non loin du château du Clos Lucé, propriété historique de ce charmant dandy[1]. Il te remet sous le soleil le prix du livre politique, avant un déjeuner sur l'herbe en bonne compagnie : écrivains consacrés, comme Jean d'Ormesson, Maurice Druon ou Didier Decoin, et personnalités de tous horizons, de Charles Aznavour au père Alain de La Morandais !

Au retour, tu t'affaires encore, entre débats, conférences ou interviews (sur l'Europe ou la probabilité d'un retour à la croissance) et allers-retours à Sydney ou New York, quand ce n'est pas au plus près du pôle Nord, au Svalbard, ou au Luxembourg pour le rituel rendez-vous de la Green Cross de Mikhaïl Gorbatchev.

Un petit problème pulmonaire te surprend un jour où, fort heureusement, tu es tranquille à ton bureau. Une nuit à Saint-Antoine et tu en ressors prêt pour de nouvelles aventures… Décidément, tu es d'une résistance à toute épreuve.

En novembre, nous assistons tous les deux à une cérémonie émouvante, la remise des insignes de grand officier de la Légion d'honneur à ton ami et contemporain Samuel Pisar. C'est Nicolas Sarkozy qui le décore dans le cadre magnifique du palais de la Légion d'honneur. Ce Polonais polyglotte, citoyen américain et amoureux de la France est un survivant. Des camps nazis où il fut déporté à 13 ans, du grand banditisme

1. Gonzague Saint-Bris est décédé en août 2017 lors d'un accident de la route.

où, de son propre aveu, il faillit s'enrôler à sa libération. Avocat international et écrivain, il fut aussi le conseiller de Kennedy dans les années 60 et éclaira de ses lumières aussi bien Gorbatchev qu'Ava Gardner. Mais sa plus belle réussite, après une jeunesse si meurtrie, reste sans doute celle d'une vie familiale accomplie, auprès d'une épouse remarquable, Judith, devenue pour moi dès notre première rencontre une grande amie.

Nous ne savons pas encore, ce jour de novembre, que Sam disparaîtra un an avant toi, cher Michel, en juillet 2015, laissant Judith perpétuer son souvenir dans leur belle maison parisienne, celle de leur amour, celle aussi qui abrita en 2002 notre réception de mariage, et qui continue à s'ouvrir généreusement aux amis. Je ne te remercierai jamais assez, chère Judith, ainsi que ta fille Léa, pour la tendresse et toutes les attentions que vous avez continué à me prodiguer après mon deuil.

21

Mélancolie

Serait-ce les prémices de l'âge ? À ma question rituelle, lors de nos dîners en tête à tête : « Quoi de neuf aujourd'hui ? », tu réponds désormais souvent sur un ton désabusé : « Pas grand-chose… Je vieillis et n'intéresse plus personne. Et puis mes oreilles qui me lâchent n'arrangent pas les choses. »

Ceux qui t'ont bien connu ont un jour ou l'autre été confrontés, un peu gênés, à ta main en cornet pour mieux entendre. Et puis les amis de ta génération disparaissent, comme Stéphane Hessel, en février 2013, et les plus jeunes, installés au pouvoir, ne pensent pas souvent à te faire signe. Alors je donne le change. Je te fais parler des sujets qui te tiennent à cœur, les livres, tes missions, aux pôles ou sur le Grand emprunt, mais la foi n'y est plus.

Plus aussi ardente en tout cas. Même si tu te rends toujours ponctuellement à ton bureau et embarques comme un bon petit soldat sur tous les long-courriers que tu dois emprunter pour répondre à tes invitations et engagements divers : Montréal en juin 2013 pour recevoir le titre de docteur *honoris causa* de l'université

Laval ; le Mozambique en juillet, à la demande de l'ambassadeur de France ; Shanghai en novembre, sur invitation de l'université qui veut t'entendre sur le Grand emprunt. J'assiste à ton discours, méticuleusement préparé, comme d'habitude : tu exposes d'abord la genèse du dépérissement de l'enseignement supérieur français, cause de son si mauvais classement international, puis tu expliques ce qui a décidé Nicolas Sarkozy à lancer, malgré l'importance de la dette publique, un vaste « emprunt national pour l'avenir » et à en confier la responsabilité à deux anciens Premiers ministres de camps politiques adverses. Tu retraces vos premières délibérations en tête à tête avec Alain Juppé, comment vous avez choisi de limiter ledit emprunt à 35 milliards d'euros (au lieu des 100 milliards que vous soufflaient de bonnes âmes à l'Élysée), dans quelles directions vous l'avez lancé et comment, enfin, l'opération a survécu à l'alternance présidentielle de 2012… L'assistance ne comprend peut-être pas tout des subtilités politiques de notre démocratie, mais elle est conquise par l'enchaînement magistral des causes et effets dans ton discours.

Tous ces déplacements, pendant lesquels je t'accompagne, sont, il faut bien le dire, également assez festifs. Sans parler des croisières auxquelles te donnent droit les liens de mécénat entre la compagnie Ponant et Le Cercle polaire. Je songe à cette soirée féerique à Venise en juin 2013, donnée pour le lancement d'un nouveau navire, le *Boréal*… Tenue blanche de rigueur pour tout le monde. Ta courte allocution, sur le croisiériste et les aventures inoubliables qu'il fait partager à ses passagers, a l'air de plaire autant à l'équipage qu'aux invités.

Un peu moins d'un an après, en mars 2014, nous serons invités à une croisière de quinze jours en Asie : de Kuala Lumpur au Sri Lanka, avec escales en Malaisie, en Thaïlande et en Birmanie. Une amie nous accompagnera, Ghyslaine Calmels, directeur général de la Fondation Brigitte-Bardot. À chaque escale, nous fureterons partout elle et moi. Tu t'amuseras de notre enthousiasme, heureux de nous voir si joyeuses. Mais tu suivras déjà de loin, plus fatigué qu'auparavant. Ces vacances de privilégiés seront les dernières que je passerai avec toi. J'ai pu y tester ta popularité au milieu de nulle part : un serveur d'un joli hôtel d'un village malais t'a quasiment sauté au cou en te voyant arriver.

Dès que tu retrouves le plancher des vaches, tu écris. Sans relâche. Tes livres prennent une tournure pessimiste. Comme des cris d'alarme… Après la sortie du petit bouquin pour adolescents chez Gallimard Jeunesse, tu t'es attelé à une œuvre à quatre mains. Avec l'impétueux Pierre Larrouturou, l'un de tes disciples, économiste un peu exalté, à l'esprit corrosif et percutant. Le thème ? *La gauche n'a plus droit à l'erreur*[1]. Prémonitoire, n'est-ce pas, au vu du résultat

1. Flammarion, 2012.

des urnes en 2017... L'année suivante, en 2014, tu mets en chantier un essai à la tonalité encore plus apocalyptique : *Suicide de l'Occident, suicide de l'humanité ?*[1]. Ton testament civique, en quelque sorte. Tu y décris l'enchaînement irréversible qui mène les sociétés occidentales à leur perte : spéculation, enrichissement des uns, appauvrissement des autres, désinvolture à l'égard de l'environnement, affaiblissement du politique et impossibilité croissante du vivre-ensemble... Comme d'habitude, tu proposes des solutions. Sans grand espoir qu'elles soient appliquées.

Michel, tu as 84 ans et tu es plus que jamais un graphomane compulsif. Tu écris à la main, au stylo, que ce soit à ton bureau ou à la maison, des feuillets denses, de ta haute écriture penchée, peu raturés, que tes Catherine, aux Champs-Élysées, tapent sans délai. J'ai droit à la primeur de tes cogitations et, lorsque ma fille est là, passionnée de politique, les débats n'en finissent plus ! Poupette est alors avocate, habituée des joutes oratoires, vos discussions la comblent. Même si elle m'avoue en riant se perdre parfois dans tes digressions sans fin : « Impossible de parler de Poutine, tu comprends, sans remonter à la Russie des tsars ! » Elle ne compte plus (et moi pas davantage) le nombre de fois où nos invités ont tenté de se rappeler quelle était la question à l'origine d'un débat autour de la table... Analysant ton parcours et

1. Flammarion, 2015.

tes antagonismes avec François Mitterrand, elle me semble t'avoir percé à jour : « Il avait plus de capacités pour l'exercice du pouvoir que le goût de sa conquête », me dit-elle peu après ta disparition.

C'est à cette époque, durant nos quelques jours rituels en Corse d'août 2013, que tu as commencé à t'interroger sur notre dernière demeure : « Autant prévoir, ça ne fait pas de mal. » Tu m'as parlé du caveau Rocard au cimetière du Montparnasse[1] et j'ai rétorqué : « Non merci ! C'est ta famille, je ne connais personne, et puis c'est froid et humide, je préfère aller au cimetière de mon village. Avec sa vue fabuleuse, depuis l'Île-Rousse jusqu'aux Agriates ! »

Je ne m'attendais pas à ta réaction... Tu m'as laissée discuter avec le maire de Monticello, sans rien dire, obtenir de lui un emplacement superbe, et tu as lâché sobrement : « Je viendrai avec toi. »

Tu m'y attends désormais. Nous ne sommes corses ni l'un ni l'autre, mais la Corse nous a adoptés. Dès 1989, tu aurais souhaité en avoir l'attribution, mais Pierre Joxe, ministre de l'Intérieur et proche de Mitterrand, avait dit : « La Corse, c'est moi ! » En 2000, tu en défends les intérêts dans une retentissante

1. Voici ce que dit Michel de ce caveau dans sa lettre testamentaire : « [Il] existe au cimetière du Montparnasse à Paris un caveau "famille Rocard" depuis plus de cent cinquante ans. En tant de temps, cercueils et corps sont devenus poussière. Une réduction a pu être faite. Dorment là mon arrière-grand-père, une brassée d'ancêtres collatéraux, mon grand-père, ma grand-mère, mon père. »

tribune du *Monde*[1]. Et en juillet 2014, après avoir rencontré les indépendantistes Gilles Simeoni et Jean-Guy Talamoni, l'un tout juste élu maire de Bastia, l'autre président de l'Assemblée de Corse, tu te faisais leur interprète auprès de ton ami Bernard Cazeneuve, ministre de l'Intérieur en visite officielle à Ajaccio… Tu aimais beaucoup cet homme discret et solide, d'une grande élégance morale et vestimentaire, et il te le rendait bien.

1. « Jacobins, ne tuez pas la paix ! », *Le Monde*, 31 août 2000.

22

Remaniements et remue-méninges

Les remaniements ont du bon, tu as désormais des fidèles aux postes clés ! Tu t'entendais bien avec Jean-Marc Ayrault, mais l'arrivée de Manuel Valls à la tête du gouvernement en mars 2014 est celle d'un ami et d'un disciple. Tu apprécies d'avoir enfin un interlocuteur pour faire le point sur tes diverses activités et missions, dont celle des pôles, qui semble si peu intéresser Laurent Fabius.

Tu ne t'embarrasses pas de circonlocutions : je retrouve une lettre adressée à Manuel Valls le 5 mai 2014, sur ton papier à en-tête d'ancien Premier ministre, où tu lui donnes du « Mon cher Manuel » et lui dis que tu n'en as « rien à foutre » que Lionel Jospin soit reçu avant toi et que tu ne demandes pas « l'aumône d'une audience ». Mais tu lui exposes quand même en neuf points « quelques idées de mesures ou de manœuvres économiques utiles à faire dans les tout premiers jours ». Parmi elles, tes chevaux de bataille préférés, dont tu m'entretiens également à longueur de veillée : la simplification administrative pour les PME (afin de les inciter à l'embauche) ;

l'affectation à la politique du logement des 34 milliards d'euros du fonds de réserve de l'État pour les retraites ; l'expérimentation en urgence, avant la COP21, d'un nouveau mode de financement des économies d'énergie… Tu trouves (et lui écris sans fard) que « la présidence Hollande se débrouille très mal avec l'écologie ». Et toc ! Neuvième point, l'Iran, toujours l'Iran, dont tu soulignes l'importance potentielle du marché énergétique et ferroviaire. « Quand tu auras assez marné […], on se reparle au calme », lances-tu en guise de conclusion !

Je ne sais si ton ex-collaborateur aura eu le temps de « marner » selon tes vœux, mais, le 3 juin, il te reçoit à déjeuner à Matignon, dans ces lieux que tu connais si bien pour en avoir été vingt-cinq ans plus tôt le locataire. Compte rendu de l'entrevue, version Manuel Valls, dans *Paris Match*, après ton décès : « C'était émouvant. Il ne m'a pas donné de conseils [humm… j'en doute] mais m'a parlé de politique économique, de son souhait de voir la Grande-Bretagne quitter l'Union européenne, de l'Iran [assurément !] : les conversations avec lui n'étaient jamais badines. » Je confirme !

Entre-temps, le 30 mai, c'est au président Hollande que tu trouveras le moyen de prodiguer tes conseils, à la faveur d'un vol vers Rodez pour l'inauguration du musée Soulages. Le grand peintre a tenu à ta présence, nous voilà donc embarqués à bord de l'avion présidentiel, et tu saisis l'opportunité d'une heure de conversation, sans tierce personne. François Hollande et toi vous connaissez depuis longtemps, vous avez été, bon an mal an, plutôt en bons termes, mais depuis son intronisation et l'embrouillamini iranien vos relations sont au point mort. Voilà le dialogue renoué, autour des questions économiques et environnementales qui te sont chères.

Le vendredi suivant, 6 juin, falbalas à l'Élysée. Nous faisons partie des quelque deux cents privilégiés conviés au dîner d'État donné au palais présidentiel en l'honneur de la reine Elizabeth II d'Angleterre. The Queen est en France pour célébrer le soixante-dixième anniversaire du débarquement allié. J'inspecte ma garde-robe, rien de mettable pour une telle circonstance. Heureusement, Franck, le secrétaire particulier de Mme Bardot, me procure l'adresse d'un loueur de tenues de soirée, d'où je ressors avec un long fourreau noir piqué d'un semis de plumetis, du meilleur effet pour apparaître au bras de mon mari en smoking. Sur le perron de l'Élysée ce soir-là, sous les flashs des photographes, j'ai l'impression d'être au Festival de Cannes.

La suite sera plus terre à terre, je reprends mes frusques de déménageuse… Il nous a fallu en effet vendre nos deux maisons : la résidence principale de Choisel ainsi que la longère tant aimée de Durtal. L'inspecteur des finances Rocard et son épouse sont endettés. Par inconséquence. Nous avons acheté Choisel en 2008 sans attendre d'avoir vendu la propriété de

Bougival. Or celle-ci est restée trois ans sur le marché pour finir par être quasiment bradée. Et notre crédit-relais continuait à courir. Il faut donc nous résoudre à tout vendre pour rembourser la banque et acquérir, avec le reliquat, un nouveau logis. La chance nous sourit quand même, les deux biens trouvent relativement rapidement preneur, et nous dénichons à Saint-Rémy-l'Honoré, toujours dans les Yvelines, la propriété de nos rêves, avec une bibliothèque de 100 mètres carrés – le paradis pour tes livres –, un grand bureau, un vaste terrain pour les animaux et pour les fleurs dont tu aimais tant respirer les parfums après toute une vie de citadin. Nous la convoitions depuis quelque temps mais le prix en était trop élevé, voilà qu'il baisse beaucoup : nous échappons à de graves ennuis !

En septembre, je m'extirpe avec joie de mes cartons pour un déjeuner à Bercy. Emmanuel Macron a quitté le secrétariat général adjoint de l'Élysée, il souhaite prendre du champ mais a fini par remplacer Arnaud Montebourg au ministère de l'Économie. Nous trouvons le couple égal à lui-même, lui acharné au travail et à l'écoute des conseils de son aîné, elle attentive, chaleureuse, parfaitement à l'aise dans son nouveau rôle et toujours élégante.

À l'automne, tu reprends tes navettes d'un bout du monde à l'autre. Tu es à Pékin pour le Conseil de coopération économique du Pacifique, ce sera ta dernière participation à une réunion de cette instance.

Tu passes ensuite quatorze jours en Sibérie, sous bonne garde de Laurent Mayet, puis trois jours, fin octobre, en Islande.

Pour une fois tu sembles soulagé, au retour, de rester un peu tranquille dans notre nouvelle maison. Tu te dis enchanté de sa configuration, de la bibliothèque où j'ai pu ranger tous tes précieux livres et du bureau, propice à ta réflexion.

Tu tousses en revanche plus que jamais. Et j'ai beau mettre cela sur le compte des gauloises que tu continues à fumer sans discontinuer, je ne peux m'empêcher de m'inquiéter.

Promis, tu vas consulter.

23

Vous avez dit lymphome ?

C'est un lymphome. De type T, le plus mauvais de ces cancers-là. La nouvelle tombe en février 2015 après une batterie d'examens. Branle-bas de combat, Michel reste imperturbable devant l'avalanche de médicaments qui déboule dans son quotidien. Traitement de choc : rendez-vous tous les quinze jours à l'hôpital pour une chimiothérapie étalée de mars à fin juin. Nous croyons tous les deux à la guérison.

Michel ne renonce pas à sa présence au bureau, il déjeune souvent seul à Paris mais s'en accommode – « Ainsi je perds moins de temps ». À l'instigation de son ami Alain Bauer[1], le criminologue, ex de sa bande des trois de l'époque Matignon, il a accepté de se lancer dans la rédaction d'un nouvel opus : le *Dictionnaire amoureux de Matignon*, pour les éditions Plon. Le temps lui est bel et bien compté… il ne viendra pas à bout de ce travail. Mais la rencontre de certains de ses anciens homologues et la redécouverte

1. Merci à Alain, qui me témoigne encore aujourd'hui une amicale sollicitude.

du bâtiment et du jardin, explorés pour mieux les décrire, lui fait une heureuse diversion.

Le 23 avril, il est assez en forme pour recevoir à Monaco, des mains du prince Albert en personne, la plus haute distinction honorifique monégasque, celle de l'ordre de Saint-Charles, l'équivalent de notre Légion d'honneur. La médaille et son cordon iront rejoindre dans la bibliothèque ta collection de distinctions de tous les pays du monde. Tu en es assez fier…

Sans attendre les résultats de la chimiothérapie, nous partons en juillet en Corse, puis tu reprends ta boussole de navigateur pour une croisière en Alaska, suivie à Anchorage d'une réunion internationale sur les zones polaires. Laurent Fabius, initialement prévu au programme, se désiste au dernier moment, tu représentes donc la France, sur ces thèmes que tu connais parfaitement. Et c'est toi qui as la chance de rencontrer Barack Obama à cette occasion.

Si j'en crois les termes chaleureux de la lettre de condoléances reçue de la Maison Blanche le 20 juillet 2016, le contact dut être plus que protocolaire : « Sa vision de ce que pourraient être le service public et la conduite de l'État – à l'écoute du monde dans toute sa complexité tout en cherchant à le changer pour le meilleur – traduit la puissance et l'universalité de ces idéaux qui le guidaient[1]. »

1. Voir Annexes.

En septembre, nous croyons la bataille gagnée : « Plus trace de lymphome », annonce le corps médical.

Soulagés, nous en profitons pour organiser, avec l'Élysée, un événement qui doit couronner ta carrière : la remise par le président Hollande des insignes de grand-croix de la Légion d'honneur. La plus haute distinction de la République. Trois cents cartons à expédier, un protocole à régler... ce sera le 9 octobre sous les dorures du palais présidentiel.

Tu es juché sur une estrade, le cheveu désormais clairsemé par les traitements, ton visage s'est creusé, ton corps amaigri flotte dans ton costume. Tous tes amis sont là, assis sur les sièges rouge et or, pour te congratuler : Anne Sinclair, Manuel Valls bien sûr, les Macron, Michel Fugain, mais aussi Marisol Touraine, Patrick Bruel ou Jean-Louis Borloo. Le Président prononce un discours plein d'humour, à l'accoutumée, mais aussi empreint de respect pour tes qualités. Pour ta méthode, « celle du dialogue et du compromis ». « Vous avez servi l'intérêt général, quitte parfois à sacrifier le vôtre », souligne-t-il. François Hollande t'avait un peu oublié au début de son quinquennat, ses éloges témoignent d'une affection retrouvée, sincère et affectueuse.

Tu réponds avec ton parler-vrai habituel. Et sans craindre, devant deux cents personnes, de t'adresser à « la femme que [tu] aime[s] et qui [t]'aime ». Le grand jour se termine, comme toujours dans ces cas-là, par une fête chez la si hospitalière Judith

Pisar. Elle est veuve depuis trois mois mais toujours prodigue de sa bonté : elle perpétue la mémoire de son mari en faisant vivre une maison qui a abrité tant de bonheurs, de moments riches d'amitié et d'intelligence réunies.

Le quotidien reprend son rythme. Mais Francis Coll, ton fidèle chauffeur, te trouve chaque jour plus fatigué. Tu as du mal à t'extirper de la voiture… Au bureau, où tu continues à fumer, tu as tendance à t'assoupir après le déjeuner, pour léger qu'il soit. Le staff me tient informée, sans trop m'alarmer.

Tu ne désarmes pas néanmoins. Ta vigilance coutumière à l'égard de la marche du monde continue à s'exercer ! Un déplacement officiel du président Hollande se profile pour le 15 octobre en Islande, à l'occasion d'une conférence de l'Arctic Circle : pas question de le rater ! Tu seras du voyage, malgré les réticences du cabinet présidentiel à s'encombrer d'un malade de 85 ans. L'ex-épouse de ton ami Jean-Maurice Ripert, Claudine Ripert-Landler, conseillère à la communication et à la stratégie internationale de l'Élysée, se fait notre complice. Je l'avais rencontrée pour la première fois en 2001, lors de mon premier déplacement officiel avec toi, à Athènes, où son mari était ambassadeur. Elle prévoit pour toi un programme allégé. Le président Hollande pose au pied du glacier Sólheimajökull, manière symbolique de dénoncer la fonte glaciaire et d'alerter sur le réchauffement climatique, à un mois de la COP21 qui se tiendra à Paris... Nicolas Hulot et Ségolène Royal l'accompagnent également. Qui aurait pu prévoir que l'ex-compagne du Président, ministre de l'Écologie à l'époque, enfilerait après ton décès ton costume d'ambassadeur des pôles pour parader en tenue de Lapone à la une des magazines ?

Fin décembre, nouveau contrôle à l'hôpital et nouvelle déconvenue : le lymphome reprend. Et le traitement aussi. Drôle de nouvel an...

24

2 juillet 2016

Il te reste six mois à vivre. Le pressens-tu ? Tu ne cesses de tirer sur tes gauloises en tout cas. Tu prétends avoir arrêté mais je ne suis pas dupe : tu planques des paquets un peu partout dans la maison, et tes vêtements te trahissent. Tu t'endors cigarette au bec dans la Peugeot de fonction et tes costumes en portent les stigmates ! Qu'importe, après tout, si cela est ton dernier plaisir... Tu dors beaucoup, ne manges presque plus, en deux ans, tu as perdu 20 kilos.

Quel désarroi. Depuis dix ans, j'ai accompagné des inconnus en soins palliatifs et, auprès de toi, qui m'a tant donné et qui m'es si cher, je ne trouve pas les mots justes. Sans doute parce que j'ai envie de croire à ta guérison.

Toi, toujours sans une plainte, tu te démultiplies. Tes bureaux ont encore déménagé, tu as suivi Henry Hermand rue Lamennais, mais là-bas comme à la maison tu croules sous un fatras de notes, dossiers, relevés de banque et autre paperasse impossible à trier. Tu es dans l'action encore : tu mets au point, avec ton ami Pierre Pringuet, vice-président de Pernod Ricard, l'association Michelrocard.org, tu réalises avec Laurent Mayet un rapport sur votre activité « polaire » des cinq années écoulées, que tu présentes avec brio le 12 juin au Quai d'Orsay, et tu tiens encore à répondre à la presse. Ta dernière interview-fleuve paraît dans *Le Point* du 8 juin, tu y dénonces une nouvelle fois « un système qui ne fonctionne que pour le divertissement » et ne donne « ni la matière ni le temps pour comprendre ». Tu parles du Brexit aussi, d'une « certaine stupidité britannique récente », due à « une presse de caniveau » qui a fait « émerger la haine [...] dans cette grande nation qui n'avait jamais été xénophobe ». Tu redis ton souhait, maintes fois affirmé, que la Grande-Bretagne quitte l'Europe car « elle ne la conçoit pas comme une entité politique » et « nous interdit d'avancer ».

Tu seras exaucé sur ton lit de mort... Le résultat du référendum britannique sera l'une des dernières nouvelles que tu entendras, le jeudi 23 juin, avant de sombrer dans l'inconscience. Mais je ne suis pas sûre que les suites actuelles t'aient beaucoup rassuré sur l'avenir européen et le bénéfice que pourrait en tirer l'Union.

Nous partageons quelques repas, à la table d'amis proches dont la tendresse et le respect sont manifestes. Chez ta chère Odile Jacob, éditrice et amie, tu discours sur la situation internationale et imagines à grands traits un livre incitant au « penser global » qui est désormais, selon toi, la seule planche de salut dans un monde où la France a perdu sa prépondérance face aux nations émergentes. L'un des premiers week-ends de juin, nous nous rendons près de Dourdan, à une cinquantaine de kilomètres de Paris, dans la maison de campagne de l'intellectuel et éditeur Pierre Nora et de sa compagne, Anne Sinclair. Tu es en pleine forme, tu leur racontes tes aventures aux pôles, tu refais le monde, Anne est éblouie par ta vivacité, par la précision de ta mémoire, elle le racontera dans *Chronique d'une France blessée*[1]. Le lundi suivant, 13 juin, tu rechignes à te rendre à l'invitation de Judith Pisar, tu te sens trop faible. Surmontant ta fatigue, nous y allons quand même, les Kouchner sont également là, les débats fusent, tu retrouves ta fougue coutumière.

Le dimanche 19 juin, c'est la fête des Pères, tes enfants t'entourent à Saint-Rémy-l'Honoré. À table, tu dis des choses un peu incohérentes. Tu te retires pour une sieste dont tu n'émerges qu'à 20 heures, dans un état qui m'inquiète.

J'appelle le service de pneumologie de la Pitié-Salpêtrière, il faut t'emmener aux urgences. Nous y arrivons à minuit, le si précieux Francis Coll nous a véhiculés, il attend avec moi l'avis du Pr Thomas Similowski, le chef du service qui te suit depuis le début... Le verdict tombe à 2 heures du matin : tu

1. Grasset, 2017.

as fait une embolie pulmonaire, suivie d'une petite hémorragie cérébrale.

Légère amélioration le lendemain, on te juge en état de rejoindre le service d'hématologie, où le Dr Anne Léger veille sur toi avec un mélange de respect et d'admiration. Tu es très affaibli, tu lis *Le Monde* à l'envers et tu veux te lever à tout bout de champ alors que tu ne tiens pas debout. Les Macron viennent le dimanche 26 juin en fin de journée, tu te montres enjoué et pertinent pendant la première demi-heure, puis tu décroches.

Une semaine s'est passée dans l'incertitude la plus totale… Jusqu'à ce que le Dr Léger, si attentive, merveilleusement humaine, soit obligée de m'annoncer que la médecine ne peut plus rien pour toi. Nous sommes le jeudi 29 juin. C'est fini, mon Michel. Je m'écroule dans les bras d'Anne Léger. Elle pleure, elle aussi.

J'ai accompagné nombre de mourants dans mes dix ans de bénévolat, mais cette fois, c'est l'homme que j'aime qui échappe au monde des vivants. Je suis dévastée.

De midi à 8 heures du soir, je suis à tes côtés ; Sylvain Laloy, ton officier de sécurité depuis plus de vingt ans, a tenu à faire une permanence de 8 heures à midi pour s'assurer qu'aucun photographe ne tente une intrusion. Tes amis les plus chers passent te rendre visite : Tony Dreyfus, Pierre Pringuet, Jean-Paul Huchon. Mais tu es parti pour ton plus long sommeil. Ta respiration est si faible qu'on l'entend à peine.

Trois jours passent. Le samedi 2 juillet, tes trois fils sont venus te voir, quelques proches aussi. Ma chère Poupette reste auprès de moi pour ce que l'on pressent comme tes ultimes moments. Nous te tenons chacune une main, de part et d'autre du lit…

À 18 h 30, mon aimé, mon très cher grand homme, mon Michel, tu oublies de respirer.

Épilogue

Michel, nous ne nous sommes donné « que » vingt-deux ans de notre vie, quinze ans comme mari et femme. Sache que je ne pouvais trouver meilleur compagnon que toi, protecteur, accueillant, élégant, compréhensif envers mes encombrantes petites « misères » animales. J'ai eu la chance de vivre dans l'intimité de ta vive intelligence, d'être l'auditrice privilégiée de tes incessantes cogitations sur la marche du monde et de l'économie, de partager avec toi des rencontres et des événements historiques… Du fond du cœur, je te dis merci. Pour tes qualités humaines, ta hauteur de vue, le respect que tu portes aux autres et l'amour dont tu m'as entourée.

Je crois pour ma part t'avoir apporté, à l'âge mûr, une sérénité que tu avais peu connue, dans l'incessant tourbillon de la vie publique à laquelle tu avais sacrifié une partie de ta vie familiale[1]. Nous gardions tous les deux au cœur des blessures d'enfance : toi

1. Michel, dans son texte testamentaire : « S'il y a ratage dans ma vie, c'est dans l'ordre affectif. J'ai connu les couples en rupture. »

pour avoir eu un père trop absent, moi pour ne pas en avoir eu du tout. Nous nous sommes réconfortés l'un l'autre.

Mon Michel, lorsque j'écris ces lignes, deux ans après ton départ, les choses de la vie sont un peu difficiles pour moi. Les successions sont rarement moments simples, surtout dans les familles recomposées…

Tes cendres même n'ont toujours pas rejoint le cimetière de la Balagne où les grillons t'attendent, face à l'Île-Rousse. L'inhumation a eu lieu très officiellement en mars 2017, François Hollande avait fait le déplacement tout exprès… Mais l'urne attend toujours que soit livrée à Monticello l'œuvre funéraire que l'artiste Pierre Soulages[1] s'est engagé à créer pour toi. Pour nous.

1. « Le grand Pierre Soulages s'est chargé de pourvoir à ce que les objets à placer là, une urne, puis deux, un support, une plaque puis deux, magnifient la beauté du lieu plutôt que de la déparer », Michel Rocard, *J'irai dormir en Corse*.

ANNEXES

Cahier de Michel Rocard
présidentielle 2007

Samedi 24 février 2007*

Il paraît prudent de se préparer à rendre compte !

Jeudi 22, 13 heures, bien agréable déjeuner à la table de Craig Stapleton, ambassadeur U.S. à Paris. Je lui annonce la victoire de Sarkozy à 85 % et lui rappelle ce que les sondages viennent de dire : si Bayrou est au second tour, il gagne. Mais c'est fort peu probable. Lui-même et ses trois conseillers m'ont honoré d'un français superbe.

Après-midi de ce jeudi totalement paisible, à traiter des parapheurs et terminer la réécriture de mon discours de Saint-Jean-de-Luz sur le problème basque. Pas un appel téléphonique.

Vendredi 23 février

Reçu de Jean-Pierre Massias des annotations et corrections importantes pour le discours basque, je retiendrai l'essentiel.

Mais surtout, à 22 h 30 la veille au soir Ségolène Royal a fait connaître son « nouvel organigramme de campagne ». À cette heure nous dormions Sylvie et moi. Ce sont la radio (Europe 1) et la presse écrite du matin qui nous donnent l'information. Apparemment, rien ne change dans l'équipe de campagne à cela près qu'elle est coiffée d'un comité stratégique de 13 personnes où se retrouvent tous les « éléphants » du PS,

---

* Retranscription du manuscrit partiellement reproduit dans le cahier photo (Note de l'éditeur).

y compris Jospin, mais sauf moi. Cela m'amuse, et à la première intuition je trouve cela préférable, mais je trouve tout de même surprenant et presque un peu vexant de me trouver ignoré de la sorte.

Ma propre perception de ce que le vaisseau coule, qu'il vaut mieux n'y être en rien compromis et qu'éventuellement il faudra être un recours... (2 % de chances ?) ne peut évidemment être celle du BN.

Dès la lecture de la presse terminée, j'appelle Alain Bergounioux. Il relève d'une opération chirurgicale sérieuse mais bien terminée, se rétablit à peine et n'a vu personne.

Tout de suite après, 9 h 45-10 heures ?, appel téléphonique de Jean-Louis Bianco. « Michel on n'a pas pu te joindre hier soir, il a fallu faire très vite, trois des intéressés étaient en voyage à l'étranger lointain (il me les cite, Mauritanie et Canada en tout cas, DSK, Delanoë et Fabius je crois...). Bref c'est une liste provisoire il faut que tu nous rejoignes. »

Je suis tout de même un peu stupéfait. Je réponds benoîtement : « Tu connais mon vieil esprit de discipline à la social-démocratie. Vous m'auriez appelé à temps je disais oui naturellement. Mais maintenant une situation s'est créée, le raccrochage pur et simple ça fait un peu idiot et ce n'est pas très digne pour moi, et puis il faut expliquer cela d'une manière convaincante, je ne la vois guère maintenant. Laisse-moi y réfléchir. Je te rappelle lundi. » Jean-Louis fait mine d'avoir bien noté, en tout cas me donne acte que le raccrochage pur et simple n'est tout de même pas tout à fait évident. Il ajoute : « Mais tu ne seras pas seul, ce qui diminue un peu l'effet. » Je dis : « Ah bon, qui ? » Il répond : « Édith Cresson on va l'annoncer cet après-midi. »

J'ai peine à imaginer que Bianco, qui n'est tout de même pas tout à fait idiot, ait pensé me réconforter ou me faire plaisir en parlant de cette femme... En tout cas je lui dis : « Jean-Louis, ce n'est pas tout à fait le même problème. Je confirme : on ne fait rien maintenant je te rappelle lundi. »

Puis, 10 h 15 sans doute, j'appelle Gérard Colé, qui venait de chercher à me joindre. Nous sommes d'accord : la perspective d'un effondrement de la candidature de Ségolène suffisamment clair et profond pour que je me présente à sa place reste hautement improbable. Cependant le ralliement de tous les éléphants est clairement un manquement à la promesse de nouveauté, de liberté et de rupture avec l'archaïsme du PS qu'elle incarnait au début et grâce à laquelle elle a été désignée comme candidate. Si l'opinion le prend rapidement très mal, le schéma entrevu peut jouer. Mais ce ne paraît pas le plus probable.

Et pour Colé le fait que je n'y sois pas et qu'on me dise qu'on m'a juste oublié est une provocation et une insulte. Il ne faut à aucun prix que je me laisse embarquer. Il me donne accord cependant sur le fait qu'il n'y a pas là de raison suffisante pour déclarer une guerre quelconque. Mieux vaut raser les murs et gagner du temps. Je confirmerai gentiment « non », lundi.

Un oubli... Mercredi : déjeuner très agréable avec Colmou, toujours très bien informé mais qui n'a pas rejoint la campagne. Il continue de penser que la victoire est possible, se réjouit de la réussite du meeting de Villepinte, de l'émission de TF1, et de l'opération des 13, alias réconciliation de Ségolène et du PS.

Je travaille tranquille – parapheurs, finitions de la réécriture du discours basque tout l'après-midi de ce vendredi 23 après avoir enregistré le matin à France Culture 50 minutes d'émission avec Alain Finkielkraut et Éric Roussel[1] sur PMF[2], et déjeuné bien agréablement en tête à tête avec Éric Westphal chez lui. Je perds deux parties d'échecs ! Normal.

À dîner avec Sylvie à Bougival nous rions de tout cela. Elle prend tout de même fort mal l'évidente indifférence du Bureau du PS à mon endroit.

Samedi 24 février, j'avais annulé ma présence au « Club de Monaco », sympathique institution créée par Claude de Kémoularia pour s'informer et débattre sur la Méditerranée.

Donc week-end totalement paisible à Bougival. Je lis attentivement *Après l'empire* d'Emmanuel Todd, sur la décomposition du système américain, je finis le « discours basque », j'ouvre ce carnet.

Au petit déjeuner, j'ai fait lire à Sylvie la lettre de Pierre Larrouturou sur les perspectives d'un drame financier mondial. Ça l'a beaucoup impressionnée.

---

1. Historien (toutes les notes de cette annexe sont ajoutées par les auteurs).
2. Pierre Mendès France.

Le matin, trois coups de téléphone : René Caquet et Roger Godino, qui tous les deux venaient d'écouter France Culture et l'émission sur PMF. Vives félicitations des deux. Et puis Tony Dreyfus, expéditif et comminatoire : « Ils t'ont oublié c'est idiot, mais il faut quand même que tu rejoignes vite. Les éléphants n'ont pas fait ça par philanthropie. Les sondages ont recommencé à être bons. J'apprends (dit Tony) que tu t'es donné jusqu'à lundi. C'est beaucoup trop ça n'a pas de sens. Appelle François Hollande » et il me donne son numéro de portable !

J'endigue ce flot sans dire grand-chose, puis je lui fais remarquer que, idiot ou pas, même si tout baigne dans l'huile et que les sondages remontent, une situation s'est créée, un raccrochage à la diable aurait quelque chose de ridicule, que de toute façon il faut soigner un argumentaire qui n'a rien d'évident. Il est quasi fâché, me réitère sa suggestion vigoureuse d'appeler Hollande.

Samedi paisible. Je prends un vrai plaisir à lire E. Todd sur l'Empire américain.

<u>Dimanche 25 février 2007</u>

Travail et lecture paisible à Bougival, promenade des chiens l'après-midi.

Le matin vers 10 h 30 peut-être, appel de François Hollande, aimable, gentil, pressant : « C'est un oubli idiot... [en aurais-je jamais le cœur net...] tout le monde est maintenant rassemblé, il faut que tu rejoignes. »

J'attire son attention, et là-dessus il ne dément ni ne répond, sur le fait que si je raccroche au train, le communiqué inévitable ne pourra pas ne pas souligner ce que la situation a de grotesque et de ridicule pour moi, mais aussi pour la direction PS. Il n'insiste pas. Nous finissons par convenir que je ferai un meeting avec Ségolène et un avec lui. Nous blaguons sur le bon souvenir que nous gardons tous les deux des quelques meetings faits ensemble.

Mais j'insiste sur le fait que ma semaine qui vient est complètement bouclée à Bruxelles (réunions JURI[1] et AFET[2], collationnement des amendements monde arabe, séminaire sur l'éducation scientifique) et que je rappellerai Menucci le lundi d'après.

L'idée est à la fois de ne laisser entrevoir aucun risque de désaccord ou de conflit, qui, rendu public, pourrait heurter le parti, et ne prendre non plus aucun engagement ni aucun risque de paraître englobé dans cette équipe : c'est la dernière semaine utile avant le dépôt des candidatures et le blocage de toute l'affaire.

Trois autres infos de ce dimanche :

— Le sondage du *JDD* est bon, Ségolène remonte au premier tour de 23 à 28 et au second de 45 à 49,5. L'idée d'un effondrement s'estompe, voire disparaît. Cependant le terrain de ce sondage a été fait les 22 et 23 février, ce qui veut sans doute dire que plus de la moitié en a été faite avant l'annonce du

1. Commission des Affaires juridiques du Parlement européen.
2. Commission des Affaires étrangères.

ralliement des éléphants… L'idée que cette annonce soit perçue comme une trahison pour tous les électeurs – sondés – qui l'ont poussée depuis un an et demi parce qu'elle représentait le changement, parce qu'elle était nouvelle, parce qu'elle nous débarrassait de ces éléphants honnis qu'elle avait vaincus, n'est donc pas encore invalidée. Quelques jours à attendre.
— Un deuxième coup de téléphone de Tony, dimanche matin. Plus calme, il comprend que, quelle que soit la nature de la bêtise, un raccrochage pur et simple soulignerait le ridicule de la situation, à mes dépens aussi bien qu'à ceux de la direction du PS. Je lui dis que, oublié pour oublié, il est préférable que j'en sorte lentement et sans me faire remarquer. Quelques meetings, un peu plus tard.

Je note au passage que l'information selon laquelle Édith Cresson avait rejoint le train semble n'avoir même pas été citée.

Le *JDD* évoque mon nom sans ouvrir de critique. Pascale Amaudric dit seulement que je rejoindrai après. C'est beaucoup plus que je ne lui en avais dit au téléphone, mais au moins ça n'ouvre pas de suspicion dans la base du PS.
— Vers 20 heures, appel de Sylvain Laloy : « Mme Royal veut vous joindre : pouvez-vous l'appeler ? » Ce qui démontre que quand on veut me joindre on sait où me trouver… Je réponds que je n'ai pas envie d'appeler mais qu'il peut donner mon numéro de tél.

Moins de 10 minutes après (le journal de 20 heures commence à peine), appel de Ségolène.

« Quel bon vent t'amène, permets-moi de commencer par une bise ! » Elle me remercie ! Puis me demande de rejoindre l'équipe, je lui refais le raisonnement sur le ridicule du raccrochage pur et simple. Elle bafouille un peu sur l'explication qui tourne autour de l'oubli. Puis je lui lâche que je ne suis pas très à l'aise sur sa campagne. Pourquoi ? me dit-elle apparemment surprise. J'évoque le silence total sur la politique étrangère, puis le fait que le drame français du chômage dépend largement d'un système mondial que la France ne peut desserrer ou infléchir seule, et j'évoque ensuite la menace de crise mondiale, en citant la lettre de Pierre Larrouturou qui rappelle quatre articles des *Échos* de la semaine précédente qui annoncent une météo économique très chargée. Elle me demande de la lui envoyer, ce que je vais faire lundi matin. Elle accepte ensuite l'idée que je ne sorte que progressivement de cet oubli. Un meeting en mars ? et elle souhaite que je l'accompagne pour une rencontre qui s'organise avec des économistes. « Tu connais Piketty... » (Si j'en connais bien d'autres, je ne connais guère celui-là.) J'acquiesce, en lui disant que ma semaine est pour une fois très bloquée à Bruxelles et qu'on fera ça début mars. J'appellerai Menucci.

« Non, moi-même », me dit-elle, et elle me donne son numéro de portable et celui de son officier de police. Ça pourra servir.

Lundi 26 février

J'envoie la lettre de Larrouturou à Ségolène avec un mot de commentaire, en lui demandant de faire travailler ses hommes attentivement avant d'en parler, et de renvoyer toute mention de tout ça à une quinzaine de jours pour qu'on ait pu aussi en parler ensemble.

Conversation téléphonique avec Gérard Colé. Rien de changé, même si la perspective s'estompe un peu. Le plus tard possible me dit-il ! Il est soucieux d'une extrême attention aux formes.

Commission juridique puis présentation du 4e rapport du PNUD sur la condition des femmes dans le monde arabe… C'est courageux mais souvent vague… Dîner PNUD.

Mardi 27 février

Pas de sondages significatifs, bien que l'article de *Libé* et surtout les graphiques qui les mettent en évidence laissent peu d'espoir pour Ségolène.

Votes en JURI.

Déjeuner avec l'association France Europe de Philippe Lemaître, invité : Peter Carl, danois, DG Environnement à la Commission. Présentation molle d'un bon plan. J'évoque les réactions rapides.

L'après-midi. J'écris l'article pour la Macédoine.

Coup de téléphone de Sylvain. *Match* donnera jeudi un sondage 1er tour. Sarkozy 29, Ségolène 25,5, Bayrou 19, Le Pen 12.

(18 h 15) – Deuxième tour Sarko 52, Ségo 48.

C'est imparable, et pourtant pas encore assez convaincant.

Mercredi 28 février

Présentation le matin en AFET ouverte (mais peu de monde) de la politique extérieure énergétique que la Commission propose au Conseil des 8 et 9 mars. C'est un peu vague, les mentions du nucléaire sont alambiquées et floues.

Mais c'est tout de même – et les aspects internes seront plus forts, taxation notamment – le seul grand projet européen actuellement en cours d'élaboration. Il y aura peut-être là le support d'un réveil.

La veille au soir, conférence à l'université de Louvain-la-Neuve, à l'invitation de Bernard Remiche[1] pour la « Chaire Arcelor » sur la brevetabilité des logiciels. 80 personnes. Sympa.

Remiche me vend la présidence de l'Institut Euro-Africain de droit économique en cours de création. Je laisse entendre que ce sera peut-être oui.

Midi. Foire du livre à Bruxelles. Débat un peu miteux sur l'histoire du socialisme.

12 heures. Mail de Ségolène Royal. Elle m'invite à dîner en tête à tête le mardi 6 mars !! Ce sera le dernier jour possible pour le changement éventuel de candidat !...

1. Avocat belge, spécialiste notamment de la propriété intellectuelle.

Je dis oui, ce qui annule un dîner chez Dominique Perreau[1].

J'appelle Gérard Colé. Rigolade intense. Le destin accumule les petits cailloux dans le bon sens. Il va repenser au traitement de chacune des deux issues possibles : elle se retire ou pas.

Jeudi 1er mars

Travail au 266[2]. Art. Macéd. et art. *Libé* sur Airbus.

Ségolène annule le rendez-vous du 6 pour dîner... et propose le 9. Je fais passer le message que plus ça tarde moins ça a de sens. Nous tombons d'accord pour lundi 5 à 11 h 30 dans son bureau.

Vendredi 2 mars Bruxelles. Éducation aux sciences. Réunion avec les représentants des États membres, 7 se sont fait représenter. Morne. Notre rapport ne fera pas difficulté.

Samedi 3 mars

Bougival. Paisible. L'article Macédoine avance. Poupette à table le soir.

Dimanche 4 mars

Rien de nouveau sur le front des sondages. Gérard Colé (sans Sabine) à déjeuner avec Poupette.

1. Ambassadeur.
2. 266, boulevard Saint-Germain, adresse des bureaux de Michel Rocard en 2007.

Nous explorons les différentes hypothèses d'issue de la conversation de demain avec Ségolène. Conclusion dominante : elle ne marchera pas. Mais il faut tout de même tenter le coup.

Lundi 5 mars

Ambassadeur Roussel et Le Bideau pour l'AG PECC demain matin. Pas de problème. Je les préviens d'un choc possible. Tél Colé. En attente. Il sera au 266 vers midi.

Tél Gilles Savary. Il est à Bordeaux, sera à Paris ce soir. Il a évoqué la situation et notre idée avec Ségolène. Elle veut aller jusqu'au bout. Elle ne se sent pas le droit de « voler la désignation ». D'autres dans le Parti pourraient y prétendre.

Vu Ségolène Royal au 282 boulevard Saint-Germain. Ça a duré six ou sept minutes. À mes questions d'ambiance elle répond tout va très bien, je vais gagner. Aucune femme n'a perdu une élection de ce genre (?). J'évoque la difficulté, qu'elle nie. J'évoque ma candidature, c'est tout juste si elle ne rit pas. Concession : je ne pourrai me retirer que pour le Premier Secrétaire. « Alors tu ne veux pas m'aider... » Je dois avoir un borborygme peu clair. « Je voudrais que tu travailles sur Internet. » Je suis scié ! Je me retire.

Déjeuner avec Gérard Colé et Sabine. On rit bien. Avis de Gérard tout ça n'est pas fini. Elle peut passer derrière Bayrou assez vite et même avant le 16 mars, auquel cas... Et puis, si Bayrou, aux yeux de Colé, gagne, je suis pour lui la clé de la suite !...

Mardi 6 mars

Très intéressante assemblée du PECC. Infos nouvelles sur l'extrême intensification de la relation Chine-Amérique latine.

Visite de Bertrand Charrier, vice-président (?) de Green Cross, l'ONG écologique créée par Gorbatchev pour faire de l'expertise diplomatique écologique. Il me demande, de la part de Gorbatchev, d'entrer au Conseil. J'accepte. Et je m'amuse d'un projet de film sur l'Antarctique, qui se ferait à partir d'un bateau de la marine argentine.

Déjeuner Bruno Bézard. Je le félicite de sa toute récente nomination comme président de l'Agence des Participations de l'État. Il la faisait déjà marcher tout seul depuis six mois. Il a rompu avec son impossible femme, a retrouvé son humour, et pète le feu.

Audition devant la sous-commission internationale de la commission consultative des droits de l'homme et des libertés « Diplomatie Démocratie et Droits de l'homme ». Je plaide vigoureusement pour le respect de la realpolitik. Ça semble ne choquer que modérément. Visiblement il y avait déjà des doutes et des inquiétudes dans ce milieu.

Revu Voisard[1], qui va bien sûr voter Bayrou. Son analyse générale est moins limpide que souvent.

Dîner chez Dominique Perreau, Catherine ex-Peugeot, remariée, est toujours aussi délicieuse.

---

1. Jacques Voisard, spécialiste de l'aménagement du territoire.

L'ambassadeur de Lettonie en France, qui passa son enfance à Argenteuil, paraît tout à fait subtil.

Mercredi 7 mars

Joachim Bitterlich[1]. Petit déj au Lutetia. Conversation PECC. Il sera à Sydney.

Jacques Delpy[2]. Il veut écrire l'histoire des débuts du combat de l'UNEF d'après-guerre. Je raconte la part d'histoire des ES[3].

Déjeuner avec Sacha et Stéphane[4] chez l'ambassadeur Nordmann qui va quitter la France. Le passage à Genève se prépare bien.

Après-midi Jacques Julliard. Journée en son honneur à l'occasion de la remise de ses archives à la BNF. Nous apprenons le vidage annoncé de Jean-Noël Jeanneney. Ce pouvoir chiraquien pratique une inélégance totale. Pour le reste, journée et travaux sympathiques. Je suis bien reçu chez les miens. Ma conclusion est bien accueillie.

Dîner chez Emmanuel Macron seuls à quatre. Sympa, charmant.

Jeudi 8 mars

Club Vauban. Court débat sur le quoi faire, j'évoque l'idée de voir comment l'Europe peut contribuer à contenir, limiter les dégâts du tsunami qui se prépare.

1. Diplomate allemand.
2. Membre de l'Unedic.
3. Étudiants socialistes.
4. Sacha Goldman et Stéphane Hessel.

Grenoble. À l'université PMF, laïus sur l'ONU, je dégage onze pistes de recherche pour son renforcement.

Puis meeting en mairie. Largement 700 personnes. Je traite « des problèmes que les candidats ne traitent pas, largement parce que la presse ne le leur demande pas »... International, MO, menace financière.

Au milieu de tout ça, Jean-Louis Bianco arrive à joindre Sylvain Laloy pour me demander de mener campagne vis-à-vis des internautes... Ils ont mesuré ma popularité à propos des logiciels.

Je m'amuse, ne dis pas non, et resterai toute la semaine prochaine à Strasbourg. On mettra ça au point par téléphone avec un nommé Thieulin[1], lundi.

Le sondage du jour donne au 1er tour Bayrou à un point de Ségolène.

Dans l'IFOP Match (les personnalités) du 8 mars j'ai pris 4 points, et atterris en 6e position, Bayrou est en 3e, Sarkozy en 11e et Royal en 15e.

Vendredi 9 mars. Demorand.

Paoletti[2] à propos du PECC et de la Polynésie. Air Tahiti Nui est de nouveau à la cote.

Débat avec Pascal Lamy pour *L'Obs*. Conférence de rédaction à *L'Obs*. Tout cela sympa.

---

1. Benoît Thieulin, directeur du numérique durant la campagne de Ségolène Royal.
2. Michel Paoletti, secrétaire général du comité polynésien du PECC.

Déjeuner Catherine Pégard – charmante, drôle, politiquement inquiète.

L'après-midi. Débat à *La Vie* avec Raymond Barre. J'ai oublié de l'annuler à temps ! Du coup j'exige qu'il y ait une mise au point en début de publication... À rédiger.

Il faudra régler ça en début de semaine avec Colé.

La conversation avec Barre, prévisible mais très convenue. Je trouve qu'il vieillit mal.

Samedi 10 mars

Travail à la maison. Guy Mangaud, sa femme Micheline, sa sœur Raymonde à déjeuner à Bougival. Ils se sont perdus, GPS en panne, une heure de retard. Chaleureuses retrouvailles, et relatif « creux ».

Dîner à Paris rue Pascal avec Paul Tran et Brigitte, les Zaneto, Laurent, Caroline, Anna la Portugaise et Nino le Vénitien. Délicieux.

Dimanche 11 mars

J du D. Sondage IFOP. 1er tour Sarkozy 28, Royal 23, Bayrou 23, et si Le Pen absent Sarkozy 34,5, Bayrou 25, Royal 24 !

Lundi 12 mars

J'appelle Alain Bergounioux. On va dans le mur en rangs serrés.

Passage en catastrophe chez Audika. Chipie – ou Noisette – a joué avec mon oreillette gauche et l'a cassée. Ils déclenchent l'urgence : j'aurai la nouvelle jeudi.

Déjeuner Aspen. Jury de sélection de la session leadership.

Tout se passe bien. J'écope d'un coup de téléphone à passer à un professeur socialiste marocain. À cette occasion, vu Jean-Luc Parodi. Il confirme que la catastrophe est en vue ; ne se prononce pas sur mes chances si jamais… !!

Lettre à Manuel Valls
Premier ministre

Michel Rocard
Ancien Premier Ministre

Monsieur Manuel VALLS
Premier ministre
Hôtel de Matignon
57, rue de Varenne
75007 PARIS

Paris, le 5 mai 2014

Mon cher Manuel,

Au diable la politique politicienne, ses pièges et ses prestiges...

Naturellement j'avais rompu avec Larrouturou le jour même où il a annoncé sa nouvelle folie et ses intentions électorales... Mais j'ai oublié de faire un communiqué de presse ! donc je reste encombrant...

Si Sa Majesté Lionel Jospin tient à avoir l'honneur d'être reçu par toi avant que je ne le sois, qu'il y aille, grand Dieu, même si je ne suis pas sûr qu'on parle ici de la même chose.

Je n'ai rien à foutre d'une reconnaissance de dignité, et n'ai en rien songé à te demander l'aumône d'une audience. Et dans ces conditions je ne t'en demande plus.

Simplement, je m'étais mis dans la tête que je pouvais peut-être te rendre service en t'apportant quelques idées de mesures ou de manœuvres économiques utiles à faire dans les tout premiers jours de tes fonctions, qu'il s'agisse de bien engager de longues affaires ou de faire quelques coups visibles et symboliques.

La première affaire était la plus importante mais elle est caduque maintenant. Je souhaitais te proposer une lecture du magmas « Euro, dette publique, Bruxelles, Merkel » et te suggérer une idée de stratégie. Malheureusement, François a déjà réussi à présenter la France comme demanderesse isolément pour son propre compte, première erreur, et à provoquer une prise de distance italienne parfaitement contre-productive. Deuxième erreur… Or il y a 7 ou 8 pays dans des situations comparables…. J'avais même vu longuement Strauss-Kakn, le meilleur connaisseur du sujet. Il aurait fallu que je te mette au parfum le jour de ta prise de fonctions ou le lendemain. Mais maintenant c'est parti, et mal parti. Dommage. Trop tard.

Deuxièmement (mais attention je n'ai plus les manettes administratives en main, donc mon info peut être incomplète ou fausse, c'est à toi de passer commande et de faire vérifier), à ma connaissance le fonds de réserve pour les retraites créé par Jospin est fort aujourd'hui de 34 milliards d'euros. On me dit qu'ils dorment sous forme d'obligations d'État... Son équivalent néerlandais est le fer de lance de la politique de logement aux Pays-Bas. Il n'y a aucune raison pour que ces 34 milliards ne soient pas affectés à la rénovation des 12 millions d'habitations individuelles ou collectives dont est composé notre patrimoine immobilier. Le mécanisme destiné à faire fructifier ces fonds n'est pas sorcier à monter. Tant de charpentes à étanchéifier en laine de verre, tant de vitrages à doubler, cela fait beaucoup d'emplois et pour longtemps, et cela réduit nos émissions de CO_2. Et même des constructions neuves.

Troisièmement. Encore plus simple administrativement, si politiquement plus conflictuel peut-être : il y a une réserve considérable d'emplois à créer parce qu'un grand nombre de PME refusent de grandir.

Parmi les très petites, innombrables sont celles qui se limitent à 9 salariés. Passer au 10e les oblige à avoir un délégué syndical, ce qui n'est pas le plus grave, mais les soumet à l'obligation de répondre à ou remplir 38 formulaires par mois... Pire, immensément nombreuses sont aussi celles qui en restent obstinément à 49 salariés. Le 50e les fait passer dans la catégorie d'entreprises qui doivent avoir un comité d'entreprise et surtout sont tenues d'acheminer 73 questionnaires et formulaires par mois... Il y faut un comptable à plein temps.

Au niveau où en sont en France le chômage et la précarité, et vu l'extrême faiblesse, ou la quasi-disparition du syndicalisme dans le privé, je ne vois pas, à quelques protestations près, ce qui empêche d'élever le 1er seuil de 10 à 50 et le deuxième de 50 à 200. Tu simplifierais l'administration des entreprises, faciliterais massivement de la création d'emplois dans la seule partie de l'économie où il s'en crée effectivement. Et puis c'est visible, simple, à effet rapide.

Quatrièmement. L'affaire la plus vaste et surtout la plus urgente, qui a pour se développer besoin que le Premier ministre s'en saisisse lui-même vite et énergiquement. Enjeu, en deux ou trois ans sans doute, plusieurs dizaines de milliers d'emplois, une bonne dizaine de milliards d'euros d'économies budgétaires, et surtout une superbe proposition que la France pourrait faire à la réunion COP21 sur le climat à Paris, dont l'échec menace gravement comme tu sais.

Chacun traîne sa réputation. Dans la mienne il y a toujours que je comprends à peu près ce qu'on me dit, et qu'il m'est arrivé de savoir faire bouger l'État... Mon bureau en est encombré. Voici quelque deux ans débarque chez moi xxx, ingénieur informaticien brestois, diplômé d'une école moyenne sans carnet d'adresses d'anciens élèves fourni, créateur et patron à Brest d'une petite société (12 salariés) de services informatiques comme il en existe des milliers en France. Il a inventé un logiciel capable de traiter des dizaines de millions de comptes distincts. Son logiciel porte sur les « comptes CO_2 ».

Tu passes d'une voiture à essence à une hybride ou mieux une électrique, tu reçois un quota de CO_2. Même chose si tu doubles tes vitrages, ou mets de la laine de verre dans ta charpente. Avec ces quotas tu peux réparer ta chaudière, ou payer une partie de tes impôts... Le système est extensible à l'extrême et à de multiples comportements.

J'ai présenté xxx à Delphine Batho qui l'a confié à un conseiller... pas de suite connue. Je l'ai ensuite présenté à Philippe Martin, qui s'est dit intéressé, pas de suite connue. Je l'ai ensuite présenté à Cazeneuve, au Budget. Lui a tout de suite pris la dimension et a chargé son conseiller fiscal, nommé Brédillon, de mettre au point la fiscalité générale du système. Ce travail-là est commencé et n'attend que l'ordre du sommet de l'État pour pousser les feux et terminer.

Un jour de l'an dernier cependant, xxx revient me voir et me dit : « Ça va trop lentement, en fait il nous faudrait une expérience pilote réussie pour démontrer que ça marche. » Il est provincial mais n'a jamais rencontré un élu, même local, de sa vie… Mais il est du Finistère, terre rocardienne s'il en fut. Le maire de Brest, l'ancien maire de Brest devenu président du conseil général et le président de région sont tous des copains. On monte le pilote dans le département du Finistère, 1 million d'habitants. Les deux banques locales les plus implantées dans le Finistère (Crédit Agricole et un réseau mutualiste filialisé du CIC) prennent le mors aux dents. La SNCF octroie des quotas : le train plutôt que la voiture, Renault aussi pour la voiture électrique, et naturellement tous les chauffagistes du coin… J'avais assuré la présidence de la réunion interentreprises de lancement, puis celle de la conférence de presse d'annonce au public. Apparemment, ça marche très fort.

J'ai surtout présenté xxx à Philippe Wahl, président de La Poste. L'idée de gérer des millions de comptes à venir le démange et ils ont commencé la préparation.

Il va de soi que, si les incitations découlant de ce système sont suffisantes, tu pourrais supprimer une dizaine de milliards d'euros de subventions dites écologistes et dont la Cour des comptes a dit à plusieurs reprises qu'elles ne servent pas à grand-chose (crédit d'impôt-développement durable, prêt à taux zéro, certificats d'économie d'énergie et surtout règlement possible du problème de différentiel prix gasoil-essence pour les camions)… Il y a par ce moyen beaucoup d'activités à créer en commençant par le renforcement du marché de la voiture électrique ou hybride.

Si la France était capable de mettre en place ce système sur tout le pays courant 2014, elle aurait une superbe expérience à proposer à la COP21.

Voilà, tu sais tout. Mais si l'on veut réussir, il y a le feu. Convoque toi-même xxx, ça va l'électriser, et monte une cellule administrative de première force. Tu me mets dans le coup si tu veux.

Cinquièmement. Seine Nord. Il est assez probable que l'excellent travail de Rémi Pauvros ait réussi à sauver le principe du canal de la débâcle budgétaire générale où sont gelés tous les projets d'investissements publics. Or je trouve que la présidence Hollande se débrouille très mal avec l'écologie. Le grand public n'en voit que des contraintes, des règlements, des interdictions et des taxes. Il n'y a aucun message positif sur un avenir amélioré par une meilleure prise en compte de l'écologie. Déjà le compte CO_2 (4e ci-dessus) serait un notable changement, mais surtout la reconversion de la France vers la voie d'eau aurait une autre dimension, de quoi économiser quelques dizaines de milliers de transports par camions lourds par an entre Paris et le Nord. Le travail est très déblayé, mais si l'on veut poser la 1re pierre en 2015 et créer les 3 500 emplois nécessaires pour les 6 ou 7 ans de travaux, il faut très vite nommer la mission administrative chargée de renégocier les contrats (il y a de nouveaux prix en baisse, et une nouvelle DUP) avec les collectivités locales, et, surtout, mener vite les négociations avec Bruxelles qui pourrait financer 40 % du projet. Je peux bien sûr en parler à mon fils Loïc mais rien ne remplace l'ordre du chef.

Sixièmement. La gouvernance à multiniveaux. Dans l'imbroglio conceptuel où nous sommes sur la réforme territoriale, il est essentiel que toutes les recherches et les expériences conduites dans le monde entier en cette matière trouvent leur place dans nos travaux.

Comment fait-on ? Je ne vais pas t'envoyer rapports et documents. Il faut sensibiliser les opérateurs que tu auras choisis. Je peux y aider. Attention : il y aura à Paris en 2015 une réunion mondiale des régions, où elles seront 500 présentes à réfléchir sur leur complémentarité, substituabilité à l'État pour l'énergie, les réseaux, le cadre environnemental. Il faudrait faire converger discours et propositions.

Septièmement. Les offsets. Tout contrat de grande exportation compte toujours une contrepartie répondant à des intérêts locaux : transferts de technologies, réalisations locales plus ou moins dépendantes du contrat principal, parfois dans des domaines fort distincts de celui du contrat principal. Il y a quelques milliards de dollars là qui ne servent guère à quoi que ce soit. Un opérateur me dit qu'en laissant ce domaine en déshérence on perd bien des chances d'autres activités, d'exportations corollaires, etc. Je n'en sais pas plus. Mais je crois quand même qu'il faut que tu charges quelqu'un d'aller voir.

Huitièmement. Je t'épargne le temps de travail. Ça sent trop le Larrouturou, et nous vivons à une époque où les effets de signature remplacent la réflexion réelle.

Seulement ceci, quand tu auras assez marné, découvert que tu n'as pas assez de croissance, et toujours beaucoup trop de chômage, et découvert surtout que tu n'as pas d'autre outil, et admis que tu pourrais peut-être en convenir avec moi, on en reparle au calme. Là-dessus c'est toi qui es pressé, pas moi, bien sûr…

Neuvièmement et enfin, l'Iran. Tu te souviens peut-être que j'avais fait l'objet d'une approche étrange de la part de l'administration réformatrice de ce pays, voici deux ans. Ce n'était ni marginal ni insignifiant, loin de là. L'Iran n'a pas de confiance en la Russie ni en la Chine, il a un besoin vital d'élargir le cercle de ses interlocuteurs. Il observe par ailleurs avec intérêt comment des sanctions écrites en anglais et gérées par des anglophones sont un instrument utile pour éradiquer dans la région toute influence occidentale autre qu'anglophone. Demande à Peugeot. L'admirable Laurent Fabius a poussé l'intelligence dans la recherche de l'information sur ce sujet, jusqu'à me faire l'honneur de me téléphoner pour me dire qu'il refusait de me recevoir sur l'Iran. J'étais confondu d'admiration…

Or le problème iranien comme il est prévisible est en train de se déminer quelque peu… Obama a compris, nous pas. Et derrière leur besoin exprimé de présence française il y a beaucoup de marchés, d'exportations et d'emplois. Pour confirmer et authentifier tout cela (je te rappelle que c'est sur ce sujet que j'ai été qualifié par un occupant intérimaire de l'Élysée entre les deux tours de « vieillard naïf »), il me semble utile de joindre à cette lettre la copie que l'on a bien voulu me confier d'une lettre que vient de recevoir Arnaud Montebourg. À toi de voir si tu veux explorer cette piste.

Cher Manuel, bonne chance. Ce sera dur. Dans ce système protocolo-politiciennement-pourri, je ne t'appellerai plus… Mais s'il y a le feu quelque part, ou une occasion à ne pas rater, là je t'appellerai. Tu comprendras.

Et bien sûr je suis à ta disposition pour traiter, si tu veux y donner des suites, tout ce que je viens de te raconter.

Crois à ma très fidèle amitié.

Michel ROCARD

Lettre de condoléances du Président Obama

THE WHITE HOUSE

WASHINGTON

July 20, 2016

Mrs. Sylvie Rocard
Saint-Rémy-l'Honoré
France

Dear Mrs. Rocard:

On behalf of the American people, I extend my deepest condolences on the passing of your husband.

In France, across Europe, and around the globe, Michel Rocard devoted himself to the pursuit of progress. His vision of what public service and statesmanship could be—attuned to the world in all of its complexity while focused on changing it for the better—reflects the power and universality of the ideals that guided him. And as an early leader for combatting the threat of climate change, the example he set will endure through each generation that carries forward the essential mission of protecting our planet.

During this difficult time, please know I will continue holding you, your family, and the people of France in my thoughts.

Sincerely,

Texte testamentaire *in extenso* de Michel Rocard lu par son fils Francis

le 7 juillet 2016 au temple de l'Étoile

Michel Rocard

J'irai dormir en Corse, juillet 2014

Le temps viendra bientôt, pour moi, comme pour tous, de quitter la compagnie des vivants.

Enfant de la guerre, préservé presque par hasard des souffrances les plus atroces qu'elle a pu engendrer, j'en ai côtoyé le risque d'assez près pour avoir ensuite voulu découvrir, observer, savoir, analyser, comprendre, visiter aussi les lieux d'horreur d'Alsace, d'Allemagne, de Pologne, plus tard d'Algérie ou du Rwanda.

Toute mon adolescence j'ai rêvé que ma trace soit porteuse de paix. Je ne pense pas avoir manqué à ce vœu. Certains le savent encore en Algérie, tous en Nouvelle-Calédonie, je fus un combattant de la paix. N'était la violence des hommes, la nature étant si belle, la vie aurait toutes les chances d'être merveilleuse si nous savions y créer l'harmonie. Ce fut l'effort de mon parcours.

Reste un rêve un peu fou, encore un : que ma dernière décision, l'ultime signal, le choix du lieu où reposer, soit pour tous ceux qui m'ont aimé, ou même seulement respecté, une évidente, une vigoureuse confirmation.

De fait il ne devrait pas y avoir de problème, moins encore de décision à prendre : il existe au cimetière du Montparnasse à Paris un caveau « famille Rocard » depuis plus de cent cinquante ans. En tant de temps, cercueils et corps sont devenus poussière. Une réduction a pu être faite. Dorment là mon arrière-grand-père, une brassée d'ancêtres collatéraux, mon grand-père, ma grand-mère, mon père. Il reste beaucoup de place.

Ma tribu est de petite-bourgeoisie militaire provinciale. L'on y respectait tout : Dieu, l'Église, le carême et le droit d'aînesse. Si la richesse n'est pas là, le courage et le panache n'y manquent pas : un arrière-grand-oncle colonel suicidé sans doute après avoir refusé d'exécuter sous l'ordre d'une République honnie les inventaires des biens d'Église ; un grand-père pilote courageux qui fut un peu à l'aviation de bombardement ce que Guynemer fut à l'aviation de chasse, un animateur et un héros, dernier officier aviateur français abattu en vol en 1918, mon père, considérable savant et découvreur, résistant au courage insensé, et grand contributeur à la victoire dans la guerre secrète sans laquelle la victoire eût été bien incertaine dans la guerre classique.

On ne trahit pas une telle lignée, on se doit de l'honorer. Je crois, j'espère, avoir réussi à transmettre le sens de ce devoir à mes trois fils.

Et puis, tout protestant et socialiste que je suis – l'horreur pour la tribu – je suis l'aîné de la branche aînée. Imparable.

Mais pourquoi l'expression du respect n'aurait-elle pas le droit de changer de formes ?

La visite annuelle des cimetières est un rituel qui tombe lentement en désuétude. Il affiche l'archaïsme, aux limites du ridicule.

Et puis l'hygiène et l'écologie nous ont appris qu'il faut se faire incinérer. C'est sage, mais comment douter de ce que cela change quelque chose au rapport qu'il peut y avoir entre un visiteur et ce qu'il y a dans une tombe ? Aujourd'hui on rend plutôt visite aux disparus de manière plus intermittente, à la recherche d'un souvenir ou d'une rencontre d'idées.

Après tout, le déroulement de la vie elle-même a son rôle à jouer dans ce choix final.

Chez les mâles Rocard, le sentiment n'a pas de priorité, on en manque ou on le cache. Cela faisait même sourire, avec l'ombre d'une gêne, les filles du clan.

S'il y a ratage dans ma vie, c'est dans l'ordre affectif. J'ai connu les couples en rupture.

Sylvie, ma dernière épouse, m'a fait, le temps de ce qui nous restait de jeunesse, redécouvrir l'amour puis surtout rencontrer sérénité, tranquillité, confiance, le bonheur tout simplement, qu'elle réinventait avec moi puisqu'elle ne l'avait pas connu elle-même : une enfance sans amour et un mariage aussi.

À son père adoptif corse elle doit le sauvetage de son statut social, mais pas l'affection. Elle lui doit pourtant un lieu, celui de ses joies d'enfant, de ses premières et longues amitiés, de l'exubérance de la nature, de sa beauté et de ses odeurs, au fond le lieu de son seul vrai enracinement. C'est un village, Monticello, en Balagne.

À ma lignée Sylvie se sent étrangère. Elle a été si longtemps affectivement seule qu'elle veut rentrer chez elle.

Alors, pour ma dernière décision, une nouvelle séparation ? J'en ai trop connu et j'ai assez de fils et de petits-enfants pour que la tradition soit reprise.

Les hasards du parcours de la vie parlent, eux aussi, finalement.

Je n'ai pas une goutte de sang corse, et n'avais jamais mis les pieds dans l'île avant 1968. Le mois de mai de cette année-là avait échauffé les esprits. Je ressentis puissamment le besoin de rassembler, pour une bonne semaine, la quarantaine la plus active d'étudiants et de cadres du PSU. La mutuelle étudiante rendit cela possible en Corse. « De la violence en politique et dans l'histoire, pourquoi ? Jusqu'où ? » Tous les jours, exposés, découvertes de textes, réflexions, discussions…

Tous les soirs et le dimanche, pour moi, découverte de cette merveille du monde, la Corse, qu'habitaient deux bonnes centaines de militants du PSU… Paysans, historiens, chercheurs, animateurs du nationalisme non violent prirent à cœur d'être mes instructeurs. Je découvris la violence de l'histoire corse, ne l'oubliai plus, j'appris surtout à la connaître et à la respecter. J'en parlai beaucoup, j'écrivis même.

Mais je m'occupais d'autre chose, longtemps, d'Europe, notamment sur la fin. Vint cette situation bizarre où la régionalisation des élections européennes combinée avec les manœuvres internes au PS firent de moi la « tête de liste » socialiste pour les élections européennes de 2004 en Corse… J'avais déjà fait sur ma propre tête vingt-deux campagnes électorales de toutes dimensions, de la France entière à ma commune. La Corse m'honora de 28 %. C'est le record absolu de toute ma vie sur trente-cinq ans. C'est aussi le record régional du PS à ces élections-là. C'est enfin le record historique de la gauche sur l'île. Et puis, Monticello : 37,2 %. Une adoption, que tout juste dix ans après, Mimi, le patron des « Platanes » à Île-Rousse, confirme en me demandant d'ouvrir le nouveau livre d'or de ce lieu de palabre quasi centenaire.

L'occasion ne m'avait jamais été donnée de remercier. Ce sera fait.

À Monticello, le cimetière est plein. Ne restait dans la partie la plus haute, au-delà des caveaux, qu'une microparcelle trop petite pour une tombe, suffisante pour deux urnes, au ras de la falaise. Arbres et tombeaux, tout est dernière nous. Ne restent que le ciel, la côte, les villages, la mer, le port, l'Île-Rousse, son rocher, ses bateaux. L'un des plus beaux paysages du monde. Et puis, bien sûr, qui dit cimetière dit réconciliation…

Le grand Pierre Soulages s'est chargé de pourvoir à ce que les objets à placer là, une urne, puis deux, un support, une plaque puis deux, magnifient la beauté du lieu plutôt que de la déparer.

À l'occasion, venez nous voir, me voir : il faut garder les liens. Peut-être entendrez-vous les grillons, sans doute écouterez-vous le silence… À coup sûr la majesté et la beauté de l'endroit vous saisiront. Quel autre message laisser que de vous y convier ?

Table

Cet ouvrage a été achevé d'imprimer en octobre 2018
dans les ateliers de Normandie Roto Impression s.a.s.
61250 Lonrai
N° d'impression : 1803988

Imprimé en France